EL PÁRROCO COMO DIRECTOR ESPIRITUAL

Ser Bueno
y
Ser Bueno en lo que Haces

Rev. J. Ronald Knott

Traducción por
Rev. Arthur Mollenhauer,
Yanira Torres y Janet Torres

Editora de la traducción: Nury Nuila-Stevens

Sophronismos Press   Louisville, KY, USA

EL PÁRROCO COMO DIRECTOR ESPIRITUAL:
Ser Bueno y Ser Bueno en lo que Haces

Diseño de tapa: J. Ronald Knott
Traductores: el reverendo Arthur Mollenhauer, Yanira
      Torres y Janet Torres
Editora de la traducción: Nury Nuila-Stevens
Diseño del libro: Timothy Schoenbachler
Foto de tapa: cortesía de Rev. J. Ronald Knott

Primera impresión: Febrero 2014.
ISBN 978-0-9800023-8-6

Para los Monjes de la abadía de San Meinrad
que me formaron como sacerdote (1964-1970),
y quienes me inspiraron en mi sacerdocio y
creyeron que yo iba a ser fiel a los
principios del sacerdocio.

RECONOCIMIENTOS

Quiero agradecer a Doña Kathryn Cone por leer este manuscrito, editarlo, alentarme a escribir este libro, y darme sus críticas constructivas. También quiero agradecer a Tim Schoenbachler por pasar el manuscrito a formato de libro. No hubiera podido completar este proyecto sin la ayuda de ambos. También quiero agradecer al Padre Larry Richardt por leer este manuscrito y ofrecerme sus comentarios invaluables. De igual forma, quiero agradecer al Padre Randy Summers, cuya participación se refleja en la foto de la portada. Y de especial manera quiero agradecer a los traductores de este libro en español: el reverendo Arthur Mollenhauer, Yanira Torres, Jante Torres y Nury Nuila-Stevens.

En vez de perder el tiempo mostrando
a los demás cuán santo soy, debo ganar
el reto de demostrarles cuán santos son ellos.

Joseph R. Vencroso, MM
Maryknoll Magazine (Revista Maryknoll)
Mayo de 1966

TABLA DE CONTENIDO

PREFACIO

Muchos observadores veteranos de la Iglesia insisten en que la necesidad más apremiante que enfrenta el Catolicismo hoy es la calidad de sus líderes sacerdotales.

Fr. Donald B. Cozzens[1]

Obviamente, los sacerdotes no son los únicos directores espirituales de la Iglesia, pero son los directores espirituales que están al frente de ella. Ningún sacerdote ejerce su rol de director espiritual aislado – del obispo, de los demás sacerdotes, de los diáconos y ciertamente tampoco de los laicos – sino en colaboración con todos ellos. Sin la dirección espiritual de los laicos, la dirección espiritual de los sacerdotes no podría alcanzar toda su eficacia. El derecho y la obligación a dar la dirección espiritual es común a todos los fieles, al clero y a los laicos.

Como este libro se enfoca en la dirección espiritual de los sacerdotes, de ninguna manera debe ser interpretado como un libro que ignora la dirección espiritual de otras personas de la Iglesia. La Iglesia no puede hacer nada sin la dirección espiritual de los obispos, sacerdotes, diáconos o laicos. En la Iglesia hay diversidad de servicios pero con unidad de propósito. Este libro tiene como fin enfocarse en la dirección espiritual de los sacerdotes, sin pasar por alto la dirección espiritual por parte de otros miembros de la Iglesia.

Desde hace un buen tiempo había querido escribir este libro, no porque yo sea el más apto para hacerlo, sino porque tengo la impresión de que hay un vacío, una grave escasez de material sobre la dirección espiritual, especialmente material escrito para quienes están en el seminario, para los seminaristas y para aquellos que, habiéndose ordenado, muy pronto se convertirán por primera vez en párrocos de una iglesia. Incluso puede que sea útil para aquellos que habiendo sido directores espirituales por largo tiempo, necesitan un poco de aliento o algunas reflexiones nuevas.

Hay cinco razones específicas por las que escribí este libro. La primera es que cada día estoy más convencido de que el Pueblo de Dios quiere por una parte, por encima de todo, que sus sacerdotes sean directores espirituales, pero por otra está supremamente desilusionado. No lo digo cínicamente, lo digo porque me he encontrado en varias situaciones en las cuales he podido escuchar este mensaje, y como sacerdote experto en dar la bienvenida, durante 14 años, a los católicos que se habían separado; en mi calidad de director de vocaciones, que ha visitado más de cien parroquias, como columnista de mi diócesis durante cinco años y como Director del *Instituto de Sacerdotes y Presbiterados* de Saint Meinrad (*Institute for Priests and Presbyterates* of Saint Meinrad).

En una reciente asamblea anual de sacerdotes de Louisville, dirigida por el *Instituto de Sacerdotes y Presbiterados*, dos laicos presentaron los resultados de una encuesta informal hecha por ellos sobre los católicos promedio de la diócesis. Otras asambleas sacerdotales de otras diócesis del país han hecho presentaciones similares.

De acuerdo con un informe de las noticias del evento, publicado en The Record, periódico semanal de la Arquidiócesis de Lousville, con fecha junio 16, 2006 "(Los laicos) quieren que sus sacerdotes sean directores espirituales, que estén disponibles para la gente, que amen a Cristo y que se preocupen por todo tipo de gente. Y ellos quieren que se les dé la bienvenida personalmente. Quieren que los sacerdotes amen su trabajo, dirijan ministerios basados en la oración, den buenas homilías, participen en la formación religiosa de niños y adultos, enseñen la fe católica, sean parte de la parroquia en la que sirven, sean comprensivos, y tengan buenas cualidades de comunicación y liderazgo." The Record agregó que "la gente se da cuenta de que los sacerdotes sólo están disponibles para llevar a cabo su ministerio si confían las responsabilidades administrativas de la parroquia a terceros, como por ejemplo a los laicos."[2]

La segunda razón para escribir este libro es que muchos sacerdotes ya han descubierto el hecho de que pasar los deberes administrativos a terceros no significa que de repente estén poseídos por cualidades extraordinarias de dirección espiritual. Es mucho más fácil cuadrar un presupuesto que inspirar a una congregación a pasar a otro nivel de discipulado. Efectivamente, la dirección espiritual es tanto un don de Dios como también una cualidad que necesita ser desarrollada.

La tercera razón para escribir este libro es que soy profesor de un seminario. Yo diría que nuestros seminarios están haciendo un magnífico trabajo en relación con la formación espiritual personal, pero no lo hacen igual en la formación de futuros sacerdotes para que sean directores espirituales. Los graduados egresan del seminario tras haber recibido formación espiritual, pero sin mucho entrenamiento sobre cómo dirigir la formación espiritual de terceros, cómo ser directores espirituales. No es suficiente que un párroco sea santo, también necesita tener cualidades para orientar a los demás hacia la santidad.

La cuarta razón para escribirlo también está relacionada con el hecho de que pertenezco al personal de un seminario. Demasiados sacerdotes recién ordenados creen que la ordenación y el cuello romano los convertirán en "directores espirituales" de la Iglesia. Cuando descubren que la gente no necesariamente seguirá su dirección, frustrados y confundidos por la razón por la cual esta gente no hace lo que ellos dicen, algunas veces pierden la paciencia y les recuerdan sobre el deber que tiene la gente de escucharlos porque "¡soy un sacerdote!" Cuando las cosas van de mal en peor, algunos abandonan el trabajo o buscan nuevos destinos. Sin perspicacia, este patrón se repite frecuentemente con los mismos resultados desastrosos.

Otro hecho que exacerba la situación es que más y más sacerdotes recién ordenados se convierten en párrocos en menor tiempo después de su ordenación que en el pasado, siempre sin tiempo para acomodarse en el rol de ser una persona pública, y mucho menos en el de estar en una posición de dirección. No es justo, ni para ellos, ni para la gente, empujarlos a posiciones de dirección espiritual sin preguntarles si tienen lo que se necesita para ser un director espiritual, o sin ofrecerles ayuda para desarrollar estas cualidades, si es que no han tenido la oportunidad de hacerlo.

Y la quinta y final, como pertenezco al personal de un seminario que dicta clases sobre la transición del seminario al sacerdocio, sé que hay muchos nuevos recursos sobre "administración de parroquias," pero muy pocos sobre "dirección espiritual." Estos futuros párrocos, de todas las edades, necesitan ayuda para convertirse en directores espirituales no sólo de nombre, sino de hecho. La necesidad es grande, pero los recursos son pocos. Esta es mi contribución a esta necesidad.

UN NUEVO DÍA,
UN NUEVO AMANECER

Ni tampoco se echa vino nuevo en pellejos viejos;
pues de otro modo, los pellejos revientan, el vino se
derrama, y los pellejos se echan a perder; sino que el
vino nuevo se echa en pellejos nuevos, y así ambos se
conservan.

Mateo 9:17

El único sacerdote que conocí cuando era niño, mientras crecía en una parroquia rural, fue el Padre Felix I. Jhonson. Era el prototipo de un párroco de campo de los años Cincuenta. La propiedad de nuestra parroquia estaba partida en dos por la autopista principal. De un lado de la vía estaba la iglesia, la casa cural y la escuela. Del otro lado estaba el cementerio parroquial. Todavía puedo recordar ver al Padre Johnson, vestido con overoles, caminando por el cementerio portando baldes de comida con sus ovejas siguiéndolo a la expectativa de su próxima comida. Él era un verdadero pastor, en este sentido concreto.

El Padre Johnson era un hombre práctico, un tipo de párroco que se "involucabra personalmente." Sus ovejas mantenían el césped del cementerio cortado impecablemente, y las crías de sus corderos permanecían en las entradas principales durante los picnics que nuestra parroquia hacía en el verano.

El Padre Johnson no solamente diseñó él mismo la escuela, el convento, la casa cural y el salón parroquial, sino que también puso personalmente los ladrillos en todos ellos. Mantenía los libros de la parroquia y la caldera, y cultivaba sus propios vegetales en la huerta. En resumen, básicamente él solo manejaba la parroquia.

Así como era de trabajador, al Padre Johnson no le gustaba mucho la gente. Corría de misa en misa y rutinariamente le hablaba a la gente con rudeza durante las bodas y los bautismos. Tenía una relación de amor y odio con las monjas profesoras y asistía lo menos posible a las reuniones de la diócesis. Como en 20 años fui el primer seminarista de nuestra parroquia, las últimas palabras que me dijo cuando me fui para el seminario a la edad de 13 años fueron: "¡No llegarás a la Navidad!"

Yo estaba convencido de que él era un sacerdote santo, al menos así era considerado, pero tenía una grave escasez de cualidades para ser un director espiritual efectivo. Odiaba predicar y lo evitaba la mayor parte del tiempo. Su peor pesadilla era sentarse y presentir que alguien necesitaba dirección espiritual. "Ve a casa y reza un rosario," era su respuesta a cualquier problema que le presentaran, bien fuera espiritual o social. Daba mejores consejos sobre cómo cavar un pozo, como se lo dio a mi padre.

Las verdaderas directoras espirituales de la parroquia eran las monjas profesoras. Ellas enseñaban sobre Dios y sobre cómo rezar. Nos preparaban para la celebración de los Sacramentos. Siempre había una corriente de gente entrando y saliendo del convento después de las horas escolares. La gente tenía miedo de "preguntarle al Padre," entonces le "preguntaban a la monja" para que la monja le "preguntara al Padre" por ellos.

Si el Padre Johnson estuviera vivo hoy, con todo lo que se habla sobre transferir las funciones administrativas de la parroquia a los laicos, estoy seguro de que sería un alma perdida. No sabría que hacer consigo mismo. Definitivamente, él era un sacerdote de su tiempo.

Yo mismo, como pastor de cuatro iglesias, pienso en él frecuentemente, especialmente cuando preparo futuros párrocos.

En nuestro *Instituto de Sacerdotes y Presbíteros* de la Escuela de Teología de Saint Meinrad nos abrimos paso con dificultad para ponernos al día con la realidad que nuestros graduados van a afrontar tan pronto se ordenen. Algunos se convertirán inmediatamente en párrocos y otros se convertirán en párrocos de múltiples parroquias al mismo tiempo.

Mientras que hagamos lo que podamos para prepararlos para trabajar con los laicos en la administración de las parroquias, lo que más me preocupa es lo que no estamos haciendo para prepararlos para ser directores espirituales. Delegar las funciones administrativas no significa que estos jóvenes sacerdotes obtengan automáticamente increíbles cualidades para ser directores espirituales. Al igual que en el pasado, es mucho más fácil construir un gimnasio que mover una congregación hacia un discipulado más profundo.

Los seminarios están haciendo un gran trabajo en el área de la espiritualidad personal, mucho mejor que el que hacían en mis tiempos en el mismo seminario, pero no es suficiente ser sacerdotes santos. Para ser párrocos efectivos, los sacerdotes de hoy también deben poseer cualidades para orientar a los demás hacia la santidad.

De la noche a la mañana, los nuevos sacerdotes pasan de ser recipientes de la formación espiritual a ser directores de la formación espiritual de individuos y comunidades. Desafortunadamente, las cualidades para la dirección espiritual ni están siendo enseñadas adecuadamente en el seminario, ni pueden ser infundidas en la ordenación. Un director espiritual designado no es necesariamente un verdadero director espiritual. Los párrocos del futuro deben no solamente ser buenos personalmente, sino también ser buenos en su calidad de directores espirituales. Lo que más se escucha de los laicos cuando hablan en las asambleas presbiterales que programamos a través de nuestro Instituto es que ellos quieren que sus sacerdotes sean directores espirituales competentes.

Si los párrocos del mañana necesitan más que piedad personal, entonces ¿qué es "dirección espiritual"? De todo lo que he leído y aprendido de mi propia experiencia como párroco, diría que la dirección espiritual es influencia: Es la habilidad de una persona de influir sobre otras mediante la invitación, persuasión y ejemplo, para que estas pasen de donde están a donde Dios quiere que estén. El sacerdote es un

19

puente hacia Dios, y nunca que Dios no lo permita, un obstáculo hacia Dios.

La dirección espiritual es un don de Dios. Por lo tanto, la verdadera dirección espiritual se conduce de una manera humilde, alentadora, silenciosa, discreta, compasiva y misericordiosa. Un verdadero director espiritual vive las palabras escritas sobre Jesús "Caña quebrada no partirá, y mecha mortecina no apagará. Lealmente hará justicia" (Isaías 42:3)." Un verdadero director espiritual nunca se rinde al pesimismo o a la desesperanza, porque sabe que Dios se cerciorará de que él termine victorioso.

Un verdadero director espiritual nunca abandona a las personas que dirije porque éstas se nieguen a seguirlo, o las culpe cuando ellas no hagan las cosas que les piden. Más bien, retrocede y trabaja en sus propias destrezas para influenciarlas, inducirlas y movilizarlas. Las buenas intenciones no son suficientes. La verdadera prueba del liderazgo es que la gente te siga. Armar un escándalo sobre cómo deben escucharte es una señal segura de que ya no eres un director espiritual.

Un verdadero director puede aceptar el rechazo, aunque el rechazo puede ser una señal de que el director está en el camino correcto; también puede ser una señal de defectos personales graves. Los directores espirituales son honestos consigo mismos y reciben con agrado las críticas de los demás. Es la única manera de que aumenten las cualidades de la dirección espiritual.

En el ministerio parroquial, la santidad personal del director espiritual no es suficiente, pero la dirección espiritual sin ella es imposible. Es elogioso lo que están haciendo los seminarios en el área de la espiritualidad personal, pero hace falta retarlos para que incluyan en sus programas de formación el entrenamiento en la dirección espiritual, si es que se desea formar directores efectivos, a la vez que sacerdotes santos.

Si existe una necesidad apremiante de que los futuros párrocos sean directores espirituales, y es responsabilidad del seminario empezar el proceso de prepararlos, hay dos interrogangtes esenciales que explorar: ¿Se puede enseñar la dirección espiritual? Sí la respuesta es afirmativa, entonces ¿cómo? Y ¿cuándo es mejor enseñarla, durante el período *inicial* de formación en el seminario o durante la formación permanente después del seminario?

La dirección espiritual es tanto un don de Dios como un talento que puede ser perfeccionado. Aunque no se pueda enseñar como una clase de Historia de la Iglesia, este don puede ser modelado, estudiado y emulado. Los seminaristas se beneficiarían al estar en contacto regular con los grandes directores espirituales de la extensa historia de nuestra Iglesia, al igual que con los líderes espirituales de otras comunidades de fieles. Un estudio profundo acerca del cómo los grandes líderes espirituales llevaron a cabo tan Importante tarea. Esta perspectiva enriquecedora de la formación espiritual podría incluir testigos que dieran charlas acerca de cómo ejercer un liderazgo efectivo en nuestros días. Es útil estudiar historias exitosas.

El púlpito, la silla del que preside y el rol de líder designado, concedidos por el obispo, son las plataformas desde las cuales los sacerdotes diocesanos practican la dirección espiritual. Los sacerdotes diocesanos son predicadores de la Palabra, ministros de los sacramentos y líderes de las comunidades de los fieles. No pueden ser directores espiri-tuales efectivos si no perfeccionan estos tres talentos.

La predicación en las parroquias ha sido llamada "dirección espiritual de grupo desde el púlpito." Las clases de homiléticas han mejorado considerablemente en los seminarios, pero sin embargo hace falta hacer más para enseñar a estos jóvenes y ocupados párrocos cómo organizar su trabajo para hacer las homilías en su ocupado tiempo. "Deleitarse con la Palabra" al prepararse para predicar podría ser la base de la espiritualidad del sacerdote diocesano, no tan sólo una entre cientos de cosas por hacer.

Predicar y presidir la celebración de los Sacramentos son una y son la misma cosa: La proclamación de la Buena Nueva. Ambas son invitaciones en búsqueda de una respuesta. Se han unido, al fin, como nunca antes en la Iglesia del Concilio

Vaticano II. Por lo tanto, el sacerdote que quiere ser un director espiritual eficaz podría beneficiarse sabiendo los Sacramentos y Rituales *de principio a fin*. Su estudio es una fuente continua de crecimiento espiritual a la vez que una herramienta sagrada para conducir a los demás a la santidad. Familiarizarse con estas herramientas antes de presidir la celebración de los sacramentos es un paso esencial en el liderazgo espiritual efectivo.

Los sacerdotes actúan *in persona Christi*, no obstante sus debilidades personales. A pesar de que el mensaje no depende de la bondad del mensajero, los sacerdotes necesitan perfeccionar permanentemente su destreza para transmitir las virtudes del mensaje. Es de especial importancia la capacidad de comunicarse con otros para ser el "puente" de comunicación con Jesucristo. Este es el propósito de la formación humana que empieza en el seminario. De igual forma, al comienzo del seminario se debe enseñar y adoptar la ceremonia y celebración litúrgica de alta calidad, sin espectáculos, ni toques personales tomados de estilos extraños ajenos a la Iglesia.

Algunos sacerdotes podrían ser más efectivos. Hay un mundo de diferencia entre *ser un sacerdote y ejercer el sacerdocio*. El proceso del seminario se concentra siempre en la ordenación. La interrogante que todo futuro sacerdote se debe hacer, especialmente al final del seminario, es "¿Ahora que voy a ser un sacerdote, qué clase de sacerdote seré?" ¡El sacerdote debe ejercer su *sacerdocio* y hacerlo bien!

El seminario no es suficiente. Quizás nunca lo ha sido, pero esta observación tiene más validez en estos tiempos. La preparación a largo plazo de la formación permanente, para despertar tanto el deseo como la necesidad de ella, necesita tener lugar en el seminario. Después de egresar del seminario, es necesario continuar tomándola durante toda la vida sacerdotal.

La formación permanente es un requisito intrínseco del don y ministerio sacramental recibidos. El obispo tiene la responsabilidad de vigilar que existan las condiciones adecuadas para que se realice, y que sus sacerdotes aprovechen estas oportunidades. Es necesaria para ser un excelente director espiritual.

La Madre Teresa describió de una manera sencilla los requisitos para la dirección espiritual cuando dijo: "Para mantener una lámpara encendida, tenemos que seguir poniendo aceite en ella."

HACER LO CORRECTO POR EL MOTIVO CORRECTO

Con qué temeridad será tomada la oficina pastoral por parte de aquellos ignorantes que aspiran al magisterio pastoral, viendo que el gobierno de las almas es el arte de las artes. Sin embargo, aquellos que no han aprendido la capacidad de las medicinas titubean en presentarse como médicos del cuerpo, mientras que aquellos que son completamente ignorantes de los preceptos espirituales no siempre titubean en presentarse como médicos del corazón.

San Gregorio Magno[3]

"Cuídense de los falsos profetas: se presentan ante ustedes con piel de ovejas, pero por dentro son lobos feroces." Mateo 7:1-5 refleja un problema de su tiempo, un mal liderazgo incluso en los tiempos antiguos de la Iglesia. En la actualidad, no todos los que buscan la dirección espiritual en la Iglesia lo hacen con las mejores intenciones. Algunos (con la posible excepción de los sacerdotes católicos) están motivados por el dinero; otros por la necesidad de ser aceptados y respetados por los demás. Al no entender o reconocer las cicatrices del pasado, algunos terminan siendo motivados más por la rabia que por el amor, y aún otros buscan posiciones de autoridad espiritual como medio de enaltecimiento personal más que como una avenida para servir a Dios.

"La calidad e intensidad de la motivación personal son vitales para las vocaciones que son para toda la vida. La tentación de buscar el sacerdocio motivado por el poder, privilegio, estatus y seguridad, o para crear sentimientos de identidad puede ser fuerte. Otros motivos podrían ser la búsqueda de maneras de incrementar la auto estima, tales como la comodidad, la exhibición o afirmación inmerecida. De igual manera pueden ser los deseos de hacer trabajo social, reparación por un padre alcohólico, satisfacer expectativas maternas o encubrir una vida psicosexual confusa. Ninguno de estos patrones motivacionales de carencia te sostendrán por mucho tiempo."[4]

Los individuos emocionalmente necesitados se sienten especialmente atraídos por el estatus y la práctica de los ministros ordenados. Como hacer esto requiere humildad y vulnerabilidad, algunos nunca examinan lo que se esconde detrás de su deseo de ser líderes, y están impulsados por demonios inmencionables. Por esta razón, la Iglesia necesita tener gran cuidado al descartar a los individuos necesitados que no saben quiénes son o no comprenden sus propias motivaciones. De lo contrario, las necesidades de estos individuos pueden desbaratar en poco tiempo incluso las mejores parroquias. Esta necesidad también puede manifestarse como una necesidad insaciable de ser el centro de atención y afirmación, un estilo autoritario de liderazgo, cambios litúrgicos apresurados basados en sus propias preferencias, incapacidad para escuchar, e irrespeto por lo que se ha hecho antes de su llegada. La mayoría de ellos, gracias a Dios, está impulsada por el genuino deseo de hacer el trabajo de Dios.

En la actualidad, la Iglesia ansía y necesita buenos líderes, pero en un momento en que la sociedad en general muestra un creciente interés en las cuestiones espirituales, existe una aguda escasez de buenos directores espirituales. El problema no es la falta de individuos dispuestos a presentarse como directores espirituales. De hecho, "Existe un vacío en el corazón de América en el que se han precipitado los auto denominados sabios."[5] Las personas están tan desesperadas por líderes que son susceptibles de seguir gurús destructivos y desilusionales, futuros mesías, cualquiera que prometa milagros, signos y maravillas; los que afirman conocer la verdad, toda la verdad y nada más que la verdad. La mayoría, sin embargo, simplemente sobrelleva y espera pacientemente a incompetentes comunes y corrientes muchos de los cuales son arrogantes e ignorantes.

La primera advertencia para los principiantes en la "dirección espiritual" podría ser: "Un director espiritual designado" puede o no ser "un verdadero director espiritual." Pareciera que la gente supiera instintivamente que el hecho de afirmar que se es director o estar en una posición de dirección no necesariamente hace que alguien sea director. Incluso los seminarios están desconcertados porque están emergiendo pocos directores espirituales verdaderos de sus aulas. La llamada de Dios y la ordenación nos conviertenaen un director espiritual *designado*, pero el que nos convirtamos en un *verdadero* director espiritual es un asunto adicional de intención, destreza y práctica. La buena voluntad no es sustituta de la aptitud. Un verdadero director espiritual tiene la habilidad de desatar el poder de los individuos y orientarlos hacia las metas de la comunidad. La dirección espiritual se trata de comunicar La Buena Nueva mediante la palabra y las obras. Realmente la ordenación, el cuello clerical, y el título no convierten necesariamente a alguien en un director espiritual. La mejor situación es cuando un director espiritual designado también es un verdadero director espiritual.

Una de las lecciones más dolorosas que tuve que aprender cuando fui párroco por primera vez fue que el tener el título de director no necesariamente significaba que de hecho yo fuera uno. Había aceptado el título de párroco, pero yo era ambivalente y no estaba preparado para todo lo que un párroco de una iglesia importante y notable, como la Catedral, necesitaba. Como resultado de mi indecisión y falta de enfoque, el párroco asociado "se hizo cargo" y me dejó en la sombra. Nuestros constantes choques llegaron a su punto crítico un día en que uno de los músicos gritó durante una tensa reunión "El problema aquí es que tenemos dos 'párrocos'." Me cayó como una bomba. Yo tenía el título, pero el párroco asociado tenía el poder. En vez de enojarme con él, decidí tomar el control y me prometí a mí mismo ser un párroco de verdad, no de nombre.

La segunda advertencia para los principiantes en "la dirección espiritual" podría ser: "Conócete a ti mismo." El Padre William Moorman, Coordinador de la Formación

Espiritual del Instituto St. Luke, centro de tratamiento para sacerdotes, dice lo siguiente sobre algunos de nuestros futuros directores. En nuestra calidad de directores "se nos ha confiado la responsabilidad sin igual de aceptar la intimidad sagrada de la vida espiritual de otra persona. ¿Puede ser esto posible si no somos capaces de aceptar el misterio y la santidad de nuestra propia identidad? Con bastante frecuencia los candidatos buscan la identidad de los sacerdotes y religiosos como identificación personal indirecta, lo que siempre resulta en una fórmula para el desastre. Con mucha frecuencia estos individuos insisten en el orden externo para balancear su caos interior, y nunca logran obtener la paz interior que esperan tener en su vida espiritual.

Para ese tipo de personas la espiritualidad reside fuera de ellos en prácticas espirituales contrarias a la aceptación del misterio de Dios, de otros y de sí mismos." Cualquier programa de formación de "directores espirituales" supone que sean individuos razonablemente integrados. Sin embargo, el Padre Moorman observa que debido a la escasez de seminaristas e investigación de antecedentes, los programas de formación están aceptando y tolerando candidatos que poseen trastornos comprobables de personalidad tales como dependencia, evasión, narcisismo y comportamientos obseso-compulsivos.[6] El sacerdocio ofrece, aun hoy día, la seducción del poder, del prestigio y la adulación. Estas seducciones cautivan a aquellos que se sienten atraídos por el estatus y el ejercicio del ministerio, porque los ayuda a satisfacer su necesidad de afirmación y de ser el centro de atención. Este centro de atención se vuelve aún más pernicioso si está formulado en el lenguaje religioso de servir.

San Gregorio Magno, en su Teología Pastoral, increíblemente práctica, nos previene de aquellos que "investigan los preceptos espirituales con diligencia sagaz ... pero enseñan lo que han aprendido, no por la práctica, sino por el estudio, y siguen con su conducta lo que enseñan con la palabra." Habiendo escrito sobre eventos recientes de nuestra Iglesia, observa: "Nadie hace tanto daño a la Iglesia como aquellos que, habiendo tenido el título o rango de santidad, actúan con maldad."[7]

San Gregorio continúa previniéndonos acerca de aquellos que ingresan al ministerio con el corazón dividido. "Es imposible que la mente se concentre en perseguir algún asunto cuando está dividida en muchos otros. Es como si estuviera tan preocupada durante el viaje que olvidara su destino, con el resultado de que esto sea tan extraño a los asuntos del auto examen que no se de cuenta del daño que sufre o sea consciente de las grandes faltas que cometa."[8]

Una vez más, San Gregorio Magno nos previene, con notable aplicación para los sacerdotes de hoy, "aquellos ... ocupados en sí mismos con una variedad de inquisiciones, más de las que son necesarias, caen en el error de su excesiva sutileza." Los necios corren allí donde los ángeles no se atreven ni a pisar. Más bien él dice: "Cuando el gobernante prepara su discurso debe tener en cuenta ser cauteloso al hablar, porque si da su discurso apresuradamente o mal ordenado, puede afligir los corazones de sus oyentes por la herida del error y quizá, cuando desee parecer sabio, romperá el lazo de unidad por su falta de prudencia."[9] Muchos párrocos sosos han hecho un gran daño a la Iglesia en su celo y poca comprensión de la "la ortodoxia y la verdad."

La tercera advertencia para los principiantes en la "dirección espiritual" puede ser: "Nemo dat quod non habet." "Nadie puede dar de lo que no tiene." San Gregorio Nacianceno lo dice de otra manera. "Antes de purificar a los demás, debéis purificaros, antes de instruir a los demás, debéis instruiros; debéis ser luz para iluminar y acercaros a Dios para santificar."[10] De hecho, como lo escribió el Padre Howard P. Bleichner: "la prosa noble es fácilmente articulada."[11] Es fácil recitar altos ideales, pero muy difícil ponerlos en práctica.

La cuarta advertencia para los principiantes en la "dirección espiritual" podría ser: "La integridad es esencial en a dirección espiritual." San Gregorio Magno dice: "Para aquel que es tan respetado que la gente es llamada grey debe considerar cuidadosamente qué tan necesario es para él mantener una vida de rectitud. Por consiguiente, es necesario que sea de pensamiento puro, conducta ejemplar, discreto en guardar silencio, provechoso en su conversación, compasivo tanto con sus vecinos como con todo el mundo, de contemplación exaltada sobre los demás, humilde compañía para aquellos que llevan buenas vidas, firme en su celo por la rectitud contra los defectos de los pecadores. No debe ser negligente en su cuidado por la vida interior por preocuparse por la exterior, tampoco debe dejar de poner atención a lo exterior por su preocupación por lo interior." Agrega: "Porque aquel que por la exigencia de su posición deba proponer los más altos ideales está limitado por la misma exigencia a demostrar dichos ideales. Su voz penetra más profundamente los corazónes de sus oyentes si su estilo de vida expresa lo que dice."[12]

La quinta advertencia para los principiantes en la "dirección espiritual" podría ser: "No se trata de ti." Esto siempre ha sido un hecho para los sacerdotes recién ordenados, pero uno de los muchos aspectos de la escasez de sacerdotes es que ha sido exacerbada la tradicional "sacudida" que viene con la ordenación. Los neo sacerdotes y los futuros sacerdotes se han "renovado" y "enfocado" con tanta frecuencia durante su estancia en el seminario y, especialmente, durante su ordenación y "primeras misas" que empiezan a sentirse muy especiales, quizá demasiado especiales. Esta fuerte oleada de tratamiento especial, sin monitorear, puede conducir rápidamente a la arrogancia del clericalismo y a sentirse con derechos. Como lo dijo el Papa Juan Pablo II, el sacerdocio no es una institución que existe junto con los laicos, o encima de los laicos. El sacerdocio es *para* los laicos. ¡No se trata de nosotros, se trata de ellos!

El mejor consejo para aquellos que quieran prepararse para la "dirección espiritual" es insistir en que hagan un serio trabajo interno para ver si tienen "lo que se necesita" para practicar el arte, o las artes, de ser los médicos del corazón. De lo contrario, deben ser arrestados por falsa publicidad, o despedidos por ser una amenaza para el Pueblo de Dios, aunque sus intenciones sean buenas.

LA DIRECCIÓN ESPIRITUAL[13]

Lo que importa es ser un hombre nuevo.

Gálatas 6:15

Si pensaste que este libro se trataba de cómo manejar una parroquia, o sobre técnicas de administración parroquial, estás equivocado. La dirección espiritual no es lo mismo que la administración parroquial, en la que se enfocan la mayoría de los libros recientes sobre la práctica del ministerio.

Un correo electrónico reciente de una amiga en Massachusetts lo dice todo: "Nuestra parroquia va a tener la oportunidad de crecer espiritualmente (con nuestro nuevo párroco), y yo no podría sentirme más feliz. El anterior párroco era más un hombre de negocios que un director espiritual, lo cual fue bueno para construir el gran complejo arquitectónico y pagar totalmente la hipoteca, pero esto dejó a muchos (espiritualmente) secos. Este cambio será bueno."

La dirección espiritual funciona con los recursos emocionales y espirituales de la organización, con sus valores, compromisos y aspiraciones. La administración, en contraste, opera con los recursos físicos de la organización, con su capital, recursos humanos, materiales y tecnología. Como dijo Peter Drucker, el gurú de la administración, "La administración es hacer las cosas bien; la dirección es hacer lo correcto." Sí esto es cierto, entonces es mucho más fácil, por ejemplo, balancear un presupuesto o construir un gimnasio que dirigir a las personas a un nivel más alto de discipulado. La dirección espiritual consiste precisamente en dirigir a las personas a un nivel más alto de discipulado.

No es suficiente que un director espiritual sea personalmente santo, aunque se asuma que el responsable de dirigir espiritualmente a otros sea santo en su máximo grado.

Quienquiera que acepte la responsabilidad de dirigir a los demás a la santidad necesita haber aprendido la auto disciplina necesaria para la santidad. *Nemo dat quod non habet.* Nadie puede dar de lo que no tiene.

Una vez han aprendido a vivir una vida santa como cristianos, los directores espirituales deben aprender a ejercer la autoridad sobre los demás cristianos de manera que sea útil para ellos. Verdaderamente, deben poseer ciertas virtudes para llevar sus propias vidas sin reproche, pero también deben tener otras virtudes: la habilidad de obedecer a sus líderes con humildad, al igual que la habilidad de dar orientación espiritual a quienes están bajo su cuidado.[14]

Tampoco es suficiente que los líderes espirituales busquen su santidad o la de los demás como si fuera simplemente cuantitativa, mediante una serie de prácticas devocionales ascéticas y calculadas que nos van a conseguir los resultados deseados. La espiritualidad es aceptar los misterios divinos en sí mismos y en los demás. De acuerdo con lo que Jesús les enseñó a los escribas y a los fariseos, la verdadera espiritualidad es *metanoia*, es un cambio de corazón o una nueva forma de pensar, no es simplemente marcar en una lista las prácticas piadosas que hacemos, o cumplir con los reglamentos de la Iglesia. Es más fácil contar las oraciones y mostrar conformidad religiosa que "ser un hombre nuevo" (Gálatas 6:15).

Entonces, ¿qué es la dirección espiritual? La dirección espiritual es al fin de cuentas *influencia*, la habilidad de una persona de influir en otra mediante la invitación, la persuasión y el ejemplo, para que pase del estado en el que esté a dónde Dios quiera que esté.

Dios trabaja por el mundo para lograr sus propósitos y promover su reino. La preocupación de Dios no es promover los sueños y metas de los directores espirituales, ni compartir sus agendas, o bendecir sus esfuerzos. Tampoco los directores espirituales tratan de satisfacer las metas y ambiciones de aquellos a quienes guían, sino más bien las de Dios a quien ellos sirven. Los directores espirituales buscan hacer la voluntad de Dios y después organizar al pueblo que guían para hacer Su voluntad.

Los directores espirituales pueden entretener, impresionar y hasta motivar a la gente, pero si no hay crecimiento espiritual en la gente que guían, su dirección procede de su talento para guiar, no necesariamente de Dios. Cuando los directores espirituales han cumplido con su trabajo, las personas a su alrededor han encontrado a Dios y hacen Su voluntad. La tarea primordial de los directores espirituales es trabajar con Dios para alentar la fe de los demás. Los directores espirituales permiten que Dios los use en su trabajo para transformar a las personas en verdaderos discipulos. Cuando alguien guía con el poder del Espíritu cambia vidas. La dirección espiritual consiste en influir para ayudar a que Cristo sea real para las personas.

A diferencia de la dirección espiritual secular, que es a la que algunas veces las personas pueden aspirar, la dirección espiritual es asignada por Dios. La dirección espiritual no es una elección, no es nombrada o creada por juntas de personal. Dios mismo las hace. Uno no se convierte en director espiritual simplemente porque ocupe un despacho, tome un curso sobre el tema o se resuelva a hacer esta tarea. Las personas no se convierten en directores espirituales a menos que Dios las llame para este rol y las equipe para el mismo.

La dirección espiritual no es magia porque "la gracia se construye en la naturaleza." Esto significa, en parte, que es necesario un cierto nivel de esfuerzo humano para que la gracia haga su trabajo de convertir a una persona escogida por Dios en un director espiritual calificado. La Parábola de los Talentos nos recuerda que aun los dones que Dios nos confiere deben ser "investidos." La llamada de Dios a la dirección espiritual puede ser instantánea, pero toma años de mucha oración y concentración desarrollar las habilidades para esta tarea. Uno no se convierte en director espiritual simplemente incursionando en ello, sino por la deliberada intención de dominar las habilidades necesarias. La palabra "intención" viene del latín "intendere" que significa "alcanzar" o "extenderse hacia."

Una de mis citas favoritas sobre esta clase de compromiso es de W. H. Murray: "Hasta que uno se compromete, hay duda, la probabilidad de echarse para atrás, siempre la ineficacia.

Referente a todos los actos de iniciativa y creación hay una verdad elemental, la ignoracia que mata innumerables ideas y planes espléndidos. En el momento en que uno se compromete definitivamente consigo mismo, entonces la Providencia también actúa; ocurren todo tipo de cosas que ayudan y que en otras circunstancias no ocurrirían. Un torrente de eventos surge de la decisión, provocando a nuestro favor toda forma de incidentes imprevistos, y reuniones y material de apoyo, que nadie hubiera podido soñar obtener de esa manera."[15] Jesús llama y equipa, pero el director espiritual debe contestar esa llamada y tener la habilidad para usar el equipo que Dios le ofrece.

Las cualidades naturales de liderazgo son componentes importantes de la dirección espiritual. Estos talentos naturales pueden ser dones divinos, pero deben ser llamados, entrenados y usados para la dirección espiritual. En el área que los seminarios llaman "formación humana," los directores espirituales necesitan desarrollar ciertas cualidades que Dios puede ir agregando, y trabajar con ellas. Entre otras cosas los líderes espirituales deben ser capaces de:

- Dominar los apetitos

- Mantener la calma en las crisis y ser fuertes en las desilusiones

- Pensar de manera independiente

- Tolerar las críticas

- Vencer los obstáculos

- Demostrar fortaleza, no el poder

- Reconciliar diferencias

- Inducir a la gente a hacer algo que no quieran hacer

- Oponerse sin sentirse ofendido

- Confiar en la gente

- Agradecer

- Hacer amigos y mantenerlos
- Sentirse cómodo en presencia de extraños y superiores
- Mostrar interés y preocupación por todo tipo de personas y de razas
- Ser discreto y firme
- Demostrar habilidad para perdonar
- Ser optimista
- Aceptar responsabilidades
- Guardar los secretos
- No exigir perfección de sí mismo, ni de los demás
- Adaptarse a diferentes audiencias
- Estar por encima de los reproches
- Gozar de buena reputación
- Poseer una moral personal incuestionable
- Enseñar
- Ser considerado
- Manejar sus propios asuntos
- Ser espiritualmente maduro
- Poseer un espíritu magnánimo y una visión tolerante
- Terminar los trabajos, especialmente los difíciles

Aunque la dirección espiritual es un don, no es fácil aceptar dicho don. "Hijo, si te llegas a servir al Señor, prepara tu alma para la prueba" (Eclesiástico 2:1). Cuando Dios encuentra una persona que está lista para guiar, comprometerse totalmente al discipulado y asumir responsabilidades de los demás, usa a esa persona hasta el límite. Por consiguiente, la dirección espiritual siempre necesita fortaleza y fe más allá de lo simplemente humano. Gedeón le pidió a Dios: "Perdón, señor mío, ¿cómo voy a hacer lo que me pides?

Yahveh le respondió: "Yo estaré contigo." (cf. Jueces 6:15-16). Salmos 80:18 dice: "Que tu mano proteja a tu elegido, al hombre que tú fortaleciste."

La dirección espiritual puede ser difícil, pero vale la pena el sacrificio. Se puede encontrar gran alivio en las palabras alentadoras, pero retadoras, de George Bernard Shaw: "La verdadera felicidad de la vida es ser usado para un alto propósito que tú reconoces como poderoso; sentirte totalmente exhausto antes de ser lanzado a un montón de deshechos; ser la fuerza de la naturaleza en lugar de un egoísta febril lleno de padecimientos y agravios que se queja de que el mundo no se dedica a hacerte feliz."[16]

Siendo un don, la dirección espiritual no es ni estridente ni extravagante. El director espiritual conduce un ministerio que es modesto, alentador, silencioso, discreto, comprensivo y misericordioso. Un verdadero director espiritual vive las palabras escritas sobre Jesús "Caña quebrada no partirá, y mecha mortecina no apagará. Lealmente hará justicia" (Isaías 42:3)."

Un verdadero director espiritual nunca se rinde ante el pesimismo porque sabe que Dios ya se ha cerciorado de que el final va a ser victorioso. El reino *vendrá*, no por nosotros, sino a pesar de nosotros.

Un verdadero director espiritual nunca abandona a quienes guía porque ellos se rehúsen a seguirlo, o lo culpen cuando no se comportan como debieran. Más bien, se aparta y mejora sus cualidades para influir, inducir y movilizar.

Los directores espirituales, de nombre solamente, los que no hacen diferencia alguna en la vida de la gente, no son verdaderos directores espirituales. En definitiva, la dirección espiritual no se mide por la posición o título, o incluso ordenación, sino por resultados. La prueba del director espiritual es si aquellos bajo su cuidado han crecido en su discipulado.

Como reacción al autoritarismo de la Iglesia anterior al Concilio Vaticano II, se volvió famoso un estilo de dirección espiritual posterior al Concilio Vaticano II, una dirección desde atrás. Como consecuencia, se hizo popular cierta abdicación del liderazgo. Como respuesta, aquellos que ansían orden y han caído ante el pluralismo quieren volver a la seguridad imaginaria del pasado. ¿Por qué tenemos que escoger entre dictadores y débiles? ¿Por qué no tener guías que exuden carácter y fortaleza? Las consultas, los consensos y compartir el poder son buenos y necesarios, pero un director espiritual no puede dirigir desde atrás. "Y si la trompeta no da sino un sonido confuso, ¿quién se preparará para la batalla?" (Corintios 14:8), Los directores espirituales son llamados a ser guías verdaderos, no tan sólo moderadores.

La visión, y su comunicación mediante la palabra y los hechos, es de lo que se trata la dirección pastoral. Los directores pastorales comunican constantemente la visión del reino que vendrá: predicando, conversando cara a cara y con el ejemplo personal. El director espiritual debe convencer a la gente que él cree en la Buena Nueva, que está entusiasmado con ella y que la pone personalmente en práctica.

El reino, que está aquí y por venir, es la visión. La tarea de un director espiritual es inspirar a la gente para que alcance este reino, mediante la palabra y las obras. Su trabajo es mantener a la congregación, sin vacilar, en la visión del reino de Dios, que está aquí y por venir. El pueblo, naturalmente, quiere pertenecer y apoyar a la Iglesia que sabe quién es y lo que Dios quiere que ella haga.

El pueblo quiere tener retos y ser animado, no ser condenado o menospreciado. Desea que su visión sea elevada a puntos más altos, su desempeño llevado a niveles más altos, su personalidad forzada al máximo más allá de sus límites normales. Algunos motivos por los que las personas dejan la Iglesia son porque: no son tratadas con respeto y dignidad por los líderes de la Iglesia, se les impide ofrecer sus dones y talentos, no son escuchadas, no se les da más responsabilidades.

Como consecuencia de una indiscriminada e incuestionable aceptación de la teoría del liderazgo secular por algunos líderes de la Iglesia, otros líderes de otras iglesias, especialmente los más nuevos, rechazan cualquier forma de principios de liderazgo secular. Este hecho es triste porque muchos de los actuales principios "modernos" de liderazgo, actualmente propugnados, son en realidad principios bíblicos. Deben ser leídos con un sentido crítico, pero se puede aprender mucho de ellos.

De la misma manera, muchos líderes jóvenes de la Iglesia no leen "material protestante" sobre liderazgo. Esto también es triste, porque "de entre el conjunto de elementos o bienes con que la Iglesia se edifica y vive, algunos, o mejor, muchísimos y muy importantes pueden encontrarse fuera del recinto visible de la Iglesia católica. Todo lo que obra el Espíritu Santo en los corazones de los hermanos separados puede conducir también a nuestra edificación."[17] Un verdadero director espiritual debe tener una mentalidad abierta para aprender de diversas fuentes. La verdad es la verdad sin importar quien la diga.

¿Por dónde empiezan los sacerdotes que quieren mejorar sus aptitudes como directores espirituales? Empiezan por su propia relación con Dios. La habilidad de la dirección espiritual crece en proporción directa con nuestro propio crecimiento espiritual. A medida que crecen los directores espirituales aumenta su capacidad de liderazgo. A medida que aumenta su capacidad de liderazgo, aquellos a quienes guían se fortalecen para crecer proporcionalmente. Lo mejor que pueden hacer los directores espirituales por su gente es crecer personalmente. A medida que los líderes se comprometen con su propio crecimiento personal y aprendizaje, se convierten en mejores vehículos para llevar a cabo el trabajo de Dios. El Papa Juan Pablo II lo dijo: "Toda formación, incluida la sacerdotal, es en definitiva una auto-formación."[18]

SACERDOCIO: COMPARTIR LA DIRECCIÓN ESPIRITUAL

Los presbíteros, constituidos por la Ordenación en el Orden del Presbiterado, están unidos todos entre sí por la íntima fraternidad sacramental. Porque aunque se entreguen a diversas funciones, desempeñan con todo un sólo ministerio sacerdotal. Ningún presbítero, por ende, puede cumplir cabal-mente su misión aislada o individualmente, sino tan sólo uniendo sus fuerzas con otros presbíteros, bajo la dirección de quienes están al frente de la Iglesia.

Presbyterorum Ordinis, 7-8[19]

Los sacerdotes no son sacerdotes en forma individual, sino que son sacerdotes que sirven a la misión de la Iglesia en un presbiterado en unión con el obispo.

Gracias al Concilio Vaticano II, y especialmente al Papa Juan Pablo II, la teología de un presbiterado, frecuentemente citada como "la íntima fraternidad sacramental," ha restablecido el trabajo en grupo bajo la dirección del Obispo. Esta antigua teología era fuerte en los comienzos de la Iglesia, pero por siglos ha sido desatendida hasta nuestros días. Por el Antiguo Testamento y los escritos cristianos antiguos, vemos que la Iglesia antigua no pensaba en términos de sacerdotes solitarios, sino del presbyterium. Era un colegio de sacerdotes que ayudaba al obispo a llevar a cabo su ministerio.

¿Por qué se abandonó esta idea?[20] (1) Con la expansión de la Iglesia fuera de sus sedes originales, tras la legalización del Cristianismo, hubo un ruptura general de la antigua idea de la colegialidad y una tendencia hacia un ministerio *individual* en vez de uno *colegial*. Esta separación física de la ciudad, donde el *presbyterium* se reunía, limitó la participación de los sacerdotes en ella. (2) Otro factor histórico que alentó el individualismo fue el desarrollo de un sistema de beneficios y el ministerio resultante de una iglesia en particular, cuyo benefactor garantizaba el sostenimiento económico del sacerdote. Esto contribuyó a una decadencia de la vida en común y de la colaboración entre los sacerdotes, ya que ellos se sentían menos unidos al obispo que a su benefactor. (3) Algunos ven la afirmación del individualismo, resultante del Concilio de Trento, con énfasis en el carácter del sacerdote como individuo, con dignidad especial y poder personal para celebrar la Eucaristía de manera privada.

Por consiguiente, se puede decir que con la expansión de la Iglesia el concepto de *comunidad presbiteral*, a la vez que el significado de la palabra *presbyterium*, se ha ido perdiendo lentamente a través de años de negligencia. La palabra "negligencia" sirve para enfatizar. Como se mencionó anteriormente, fue el colapso de la firme idea del *ministerio colegial* lo que dio origen a la práctica del *ministerio individual* de los sacerdotes.

Es importante anotar que en nuestros tiempos son los mismos obispos los más articulados en describir esta negligencia y los problemas resultantes. En el *Plan Básico para la Formación Permanente de Sacerdotes* de 2001, se dijo: "un obispo tiene muchas responsabilidades y muchos asuntos que reclaman su atención. La unidad presbiteral puede no parecer tan apremiante, como por ejemplo tratar con sacerdotes problemáticos, la distribución y el destino del clero, o la selección de nuevos candidatos. Trabajar por la unidad presbiteral puede quedar al final de una larga lista de prioridades. En efecto, su descuido favorece las divisiones y, en último término, una serie de problemas concurrentes en una diócesis."[21]

Sin el firme liderazgo de los obispos, que son la cabeza de los presbiterados diocesanos, para presentar una visión unificada y desatar el poder del grupo, muchos sacerdotes diocesanos han caído en la rutina de funcionar como "soldados aislados." Debido a la continua negligencia y a la falta de una visión compartida, algo nuevo y quizás más destructivo está ocurriendo. Los sacerdotes están empezando a formar "tribus" dentro de sus presbiterados. Sin una visión compartida, se deja que grupos pequeños de sacerdotes que piensan de forma similar batallen a ver cuál tiene la visión correcta.

Tanto los "sacerdotes de la práctica privada" de nuestro pasado reciente como los del "tribalismo" creciente de hoy huyen ante la presencia de las enseñanzas sólidas de la Iglesia. "...el sacerdote no puede actuar solo, sino siempre dentro del presbiterio, como hermano de todos aquellos que lo constituyen."[22]. "El presbítero, por lo tanto, hará todo el esfuerzo para evitar vivir su propio sacerdocio de una manera aislada y subjetivista, y debe tratar de realzar la comunión fraternal...."[23] "... los presbíteros no favorecen a ninguna ideología ni partido humano."[24]

La unidad presbiteral ha sido descuidada por tanto tiempo que no hay una ruta clara a seguir. Un vez más fueron los mismos obispos quienes describieron la situación y la falta de clara dirección para el futuro. "La Iglesia sigue profundizando su entendimiento del ministerio y de la vida sacerdotal que surgió en el Concilio Vaticano II; a saber, los sacerdotes no son sacerdotes en forma individual, sino que son sacerdotes que sirven a la misión de la Iglesia en un presbiterado en unión con el obispo. El sentido colectivo de la identidad y misión sacerdotal, aunque no está desarrollado plenamente aún en los documentos oficiales, surge claramente como una guía importante para el futuro."[25] Ellos, de una manera bastante inteligente, notaron la diferencia entre la formación permanente de los sacerdotes de manera individual y la formación permanente de los presbiterados. La formación permanente de los sacerdotes en forma individual es importante, pero la formación permanente de todos los presbiterados puede ser aún más necesaria. *Pastores Dabo Vobis* resume las enseñanzas del Concilio Vaticano II y ofrece esta declaración simple pero desafiante: "El ministerio ordenado tiene una radical *'forma comunitaria'* y puede ser ejercido sólo como una tarea colectiva."[26]

Un respetable obispo del sudoeste de los Estados Unidos dijo recientemente que "el problema más serio" que él enfrenta con los sacerdotes es "su capacidad de trabajar en grupo." Tristemente, este no es un problema local de él, sino uno creciente que enfrentan muchos presbiterados en este país. Él no solamente describió la flaqueza de nosotros, los sacerdotes, sino una mayor debilidad de sus obispos por su incapacidad y falta de destreza para sacar lo mejor de sus presbiterados.

¿Cómo pueden los presbiterados, comisionados para ser "hombres de comunión," dirigir una Iglesia y unas parroquias divididas si ellos también están divididos entre ellos? ¿Cómo puede un sacerdote dirigir parroquias multi-culturales en un mundo multi-cultural que está creciendo más y más multi-religioso cuando ellos no pueden trabajar juntos? Los sacerdotes son llamados a estar en el frente de las divisiones sanadoras de nuestras parroquias, en nuestra Iglesia y, efectivamente, en nuestro mundo.

Según lo anota el *Plan Básico para la Formación Permanente de Sacerdotes*, estas divisiones tienen consecuencias significativas. Los sacerdotes tienen vocación para ser pastores, pastores de todas las almas, sin importar su estructura teológica o cultural, su orientación o edad. Si un sacerdote no puede estar en comunión con su presbiterado, ¿cómo puede ser "un hombre de comunión" para la Iglesia? (1) Estas divisiones llevan a reducir la eficacia que socava la utilización de recursos humanos necesarios y valiosos para abordar asuntos apremiantes. (2) Cuando estas divisiones son de dominio público, y usualmente lo son, dan una mala imagen a la comunidad y desaniman a aquellos que podrían sentir el llamado al sacerdocio. (3) Estas divisiones crean soledad, especialmente para los sacerdotes recién ordenados, la cual es el factor más influyente para que muchos de ellos abandonen el sacerdocio durante los primeros cinco años de su ordenación. Aquellos que lo abandonan lo hacen debido a sentimientos de soledad y aislamiento, no se sienten apreciados o se sienten desconectados. Cuando sus presbiterados son más bien "un grupo suelto de soldados aislados" en vez de ser "una íntima fraternidad sacramental" son aún más vulnerables a buscar relaciones de pareja como sustitutos. (4) Finalmente, las divisiones pueden hacer que el enfoque de los sacerdotes cambie de una perspectiva diocesana de amplio rango a un énfasis anti católico estrecho, dentro de su propia parroquia, dando como resultado el parroquialismo."[27]

Los presbiterados coherentes y unidos no existen por casualidad, sino por intención. La palabra "intención" viene del latin *intendere* que significa "tender hacia, encaminarse hacia." La intención es un acto de la voluntad mediante el cual esta facultad desea alcanzar eficazmente un fin empleando los medios. Es una concentración de la voluntad con el propósito de resolver. Realmente tenemos que quererla antes de que podamos tenerla.

Al igual que los primeros Doce Apóstoles originales, Cristo hace un llamado a sus sacerdotes para que resistan estas cosas que amenazan la unidad de grupo, especialmente el trabajo solitario, trabajar demasiado y trabajar uno contra otro. (San Marcos 6:7-12. 30-32; 10:35-45).

Los presbiterados sanos y unidos no existen cuando cada quien va por su lado. Los sacerdotes de un presbiterado son como una orquesta no como una asociación de solistas. San Ignacio de Antioquía, quien frecuentemente hablaba sobre los presbiterados, dijo: "Vuestro presbiterado, justamente reputado, digno de Dios, está de acuerdo con su obispo como las cuerdas con el harpa."[28] Sin líderes que inspiren a los sacerdotes y los guíen con una visión común, las visiones de pequeños círculos harán que continúen batallando unos contra otros sobre quién tiene la visión "verdadera." Un líder verdadero inspira una visión compartida y hace un llamado a los sacerdotes en forma individual a la grandeza de hacer real esta visión. Parafraseando a Vince Lombardi: "El compromiso individual para un esfuerzo de grupo: esto es lo que hace que un presbiterado funcione, que una compañía funcione, que una sociedad funcione y que una civilización funcione."

Por el bien de nuestro enfoque y unidad, los sacerdotes diocesanos hacemos dos promesas solemnes: celibato y obediencia. En lugar de ser negativas, estas promesas de celibato y obediencia están hechas para dejarnos libres para ejercer nuestro ministerio. Los sacerdotes reciben una extensa formación en el celibato, pero no en la obediencia. La obediencia es la hijastra olvidada de las promesas de los sacerdotes; una vez hechas, con frecuencia se olvidan. De estas dos promesas, de la que más se oye es de la del celibato, pero "aquella otra promesa" puede ser incluso más importante para la unificación del ministerio del Pueblo de Dios.

"Entre las virtudes más necesarias en el ministerio de los presbíteros, recordemos la disposición de ánimo para estar siempre prontos para buscar no la propia voluntad, sino el cumplimiento de la voluntad de aquel que los ha enviado."[29] La promesa de obediencia tiene implicaciones que van más allá de la relación individual que cada sacerdote tiene con su obispo. La obediencia del presbítero presenta además una exigencia comunitaria; en efecto, no se trata de la obediencia de alguien que se relaciona individualmente con la autoridad, sino que el presbítero está profundamente inserto en la unidad del presbiterio.[30]

La promesa de obediencia conlleva una promesa a sus compañeros del presbiterado, esta promesa realmente es una promesa de ser "miembro del equipo" junto con el obispo y los demás miembros de su presbiterado por el bien del propósito común que comparten.[31]

Este aspecto de la obediencia del sacerdote exige un espíritu ascético, tanto en el sentido de capacidad de no dejarse atar demasiado a las propias preferencias o a los propios puntos de vista, como en el sentido de permitir que los hermanos puedan desarrollar sus talentos y sus aptitudes, más allá de todo celo, envidia o rivalidad. La obediencia del sacerdote es una obediencia solidaria, que nace de su pertenencia al único presbiterio y que siempre dentro de él y con él aporta orientaciones y toma decisiones corresponsables.[32]

"La obediencia sacerdotal tiene un especial 'carácter de pastoralidad.' Es decir, se vive en un clima de constante disponibilidad a dejarse absorber, y casi 'devorar,' por las necesidades y exigencias de la grey, especialmente si estas exigencias han de tener una justa racionalidad."[33]

Siendo más conscientes y estando más informados de su promesa de obediencia, los sacerdotes tienen mayor posibilidad de recordar que ellos no llevan a cabo su propio ministerio individualmente, sino que son compañeros del obispo para llevar a cabo un ministerio común. Con lo único que cuentan en su arsenal los sacerdotes diocesanos y que habla directamente sobre su unidad como grupo es la buena comprensión de la promesa de obediencia, porque en ésta ellos se compromete a ser "compañeros de equipo" con el obispo y unos con otros. Esta mejor comprensión de la promesa de obediendia será esencial para ayudar al sacerdote en la renovación de su presbiterado.

El éxito de la renovación de los presbiterados y su sentido de propósito comunitario se basa principalmente en que existan suficientes obispos y sacerdotes que quieran esta unidad. Los sacerdotes necesitan un diálogo honesto que los ayude a reconocer qué deben preservar del pasado y qué acoger del presente y del futuro. Este diálogo honesto puede llevar a desarrollar un nuevo paradigma con estructuras viables que los ayuden a ofrecer mejores servicios al pueblo de Dios y ser mejores testigos del Evangelio.

La Iglesia simplemente no puede tener disputas internas entre sus sacerdotes. Los sacerdotes se deben uno a otro hasta la siguiente generación de sacerdotes y a la gente que sirven para empezar a ser lo que la Iglesia dice que son: una "íntima fraternidad sacramental" para un ministerio común.

EL PÁRROCO COMO DIRECTOR ESPIRITUAL

Los sacerdotes son los maestros de la Palabra, ministros de los Sacramentos y líderes de la grey del Señor a ellos encomendada.

Lumen Gentium, no. 28[34]

La espiritualidad de los párrocos tiene, de hecho, sus raíces principalmente en la espiritualidad del bautizado, en el diario vivir lejos de la muerte y la resurrección de Cristo. Desde ahí, esta espiritualidad bautismal vive de por vida en el contexto específico de su ministerio como sacerdote, al igual que los desposados viven de por vida su espiritualidad en el contexto específico de ser cónyuges y padres. El Catecismo católico dice que estos dos sacramentos son orientados no simplemente hacia la propia salvación, sino a la salvación de los demás. "... si contribuyen ciertamente a la propia salvación, lo hacen mediante el servicio que prestan a los demás."[35] Tanto la espiritualidad del cónyuge como la del párroco provienen del contexto de "seguir" bien sus vocaciones específicas.

En su nivel más básico, la espiritualidad de un sacerdote es eclesial. Es *para* la Iglesia. El párroco es llamado desde el laicado a vivir entre el laicado, a servir la misión y ministerio del laicado. Aquí el párroco tiene tres funciones: Maestro de la Palabra, Ministro de los Sacramentos y Director de los Feligreses a él encomendados. Por lo tanto, el contexto específico de la espiritualidad del párroco se resume en hacer bien estas tres tareas, al igual que la espiritualidad de un cónyuge se resume en ser buen cónyuge y buen padre.

En el piso, frente a la puerta del Seminario de Saint Meinrad, hay un sello escolar incrustado. Haciendo un círculo alrededor de unos símbolos se lee "*sanctitatae et scientia,*" "santidad y conocimientos," para recordar a los futuros sacerdotes que deben ser buenos y buenos en lo que hacen. Deben tener santidad personal y conocimientos útiles.

Esta idea está confirmada en las Sagradas Escrituras en las enseñanzas de Jesús sobre el "Buen Pastor." Los sacerdotes son llamados para que actúen *in persona Christi*, y como tal, el Buen Pastor es el modelo para su ministerio. Existen al menos dos palabras griegas que definen "bueno," *agathos* and *kalos*. *Agathos* significa "bueno" como en "moralmente bueno." *Kalos* significa "bueno" como en "efectivo" o "bueno en algo." El "Buen Pastor" en el evangelio es "*kalos*," "bueno en el edificio pastoral." Entonces, se podría decir del Papa Juan Pablo II que fue *agathos* and *kalos*, una persona buena, que fue buena en el oficio pastoral. La espiritualidad de los párrocos implica ser una persona buena y ser un sacerdote que es bueno en el "sacerdocio."

Ni la santidad personal ni la buena voluntad pueden reemplazar la capacidad. Hoy día un sacerdote necesita no solamente ser bueno y bien intencionado, sino que también necesita ser bueno y bueno en lo que hace: Necesita ser santo y competente. La emergente espiritualidad de los párrocos será cuestión no de alguna de las dos, sino de ambas. "No descuides el carisma que hay en ti, que se te comunicó por intervención profética mediante la imposición de las manos del colegio de presbíteros. Ocúpate en estas cosas; vive entregado a ellas para que tu aprovechamiento sea manifiesto a todos. Vela por ti mismo y por la enseñanza; persevera en estas disposiciones, pues obrando así te salvarás a ti mismo y a los que te escuchen" (1 Timoteo 4:14-16).

Antes del Concilio Vaticano II se enfatizó *agathos*, la espiritualidad de los párrocos. Se concentró principalmente en los aspectos ascéticos y devocionales de la vida interior. Celebrar la Eucaristía, rezar el breviario, rezar el rosario y participar en otras devociones fueron la fuerza y el impulso de su espiritualidad. A partir del Concilio Vaticano II hemos tenido un cambio de énfasis que ha agregado *kalos*. Este cambio es más un progreso que una disyunción, porque se ha construido en las bases tradicionales de la espiritualidad. La espiritualidad del sacerdote ha evolucionado a una interdependencia de *agathos* (la espiritualidad basada en la persona) y *kalos* (la espiritualidad basada en el ministerio).

La emergente espiritualidad de los párrocos, por lo tanto, puede ser considerada como una espiritualidad dialéctica que tiene raíces en su vida de fe y oración y, al mismo tiempo, está modelada y forjada por el ejercicio de su ministerio sacerdotal. El primer polo de la dialéctica, la santidad personal, es común a todos los bautizados. Es, en el último polo de la dialéctica que descubrimos aquellas cosas que nos permiten hablar de una espiritualidad apropiada para el sacerdote diocesano. La espiritualidad única del párroco es forjada y modelada en su triple rol en la comunidad de fieles: predicador, celebrante y director, no **simplemente** en las prácticas personales ascéticas y piadosas.

Si la espiritualidad de un párroco es *eclesial*, no simplemente *personal*, el sacerdote es reconocido como aquel que sirve a una comunidad *centrada en la gente*, un énfasis muy diferente de aquel anterior al Concilio Vaticano II, que era una Iglesia *centrada en el sacerdote*. En la Iglesia, entendida como el pueblo de Dios, el sacerdote funciona como un siervo del pueblo de Dios y como aquel cuyo ministerio es ejercido en colaboración e interdependencia con otros diversos ministerios de la Iglesia. La espiritualidad del párroco es, entonces, forjada y moldeada por su triple rol en la comunidad de fieles, como maestro de la Palabra, ministro de la celebración de los sacramentos y director de la comunidad de fieles. No es suficiente para un párroco ser personalmente santo, debe también ser bueno en estos tres ministerios básicos.

Aunque algunos estudios revelan que a la mayoría de los párrocos les gusta la segunda de las tres funciones del sacerdocio: presidir la celebración de los sacramentos, y hoy en día algunos prefieren ser sacerdotes "cúlticos" en vez de "directores espirituales servidores," no podemos ser sacerdotes "de cafetería," escogiendo una y descuidando otra. Estamos llamados a ser ambos al mismo tiempo.

Algunos párrocos tienen una vocación dentro de su vocación. Han sido llamados a ser párrocos. El objeto esencial de la acción de un párroco es el bien común. Por lo tanto, el párroco necesita pasar de un punto de vista personal a un punto de vista general. A diferencia de los seminaristas e incluso de los párrocos asociados, el párroco no se da el lujo de vivir simplemente en su punto de vista personal. Algunos nunca entienden la diferencia y dividen las congregaciones entre "aquellos que están conmigo y aquellos que están contra mí." Un párroco nunca puede favorecer a ninguna ideología ni partido humano. Un pastor siempre se mueve de su dimensión personal a la dimensión de la comunidad. "Esta es su tarea, por consiguiente, los presbíteros deben reconciliar diferentes ideologías de forma que nadie se sienta extraño en la comunidad de los fieles. Son defensores del bien común, del que tienen a cargo en nombre del obispo, y al mismo tiempo defensores valientes de la verdad, para que los fieles no se vean arrastrados por todo viento de doctrina."[36]

Cuando Jesús habló sobre liderazgo, siempre lo hizo en términos de servicio. (cf. Marcos 10:42-43). La imagen de servicio nos anima a mirar al liderazgo no como poder y prestigio, sino como servicio y devoción. Un modelo de servicio en ninguna parte exige la abdicación del liderazgo. Jesús fue ambos, siervo y líder, y nunca vio estos dos roles de una manera mutuamente excluyente. Se deben evitar los dos extremos: el autoritarianismo (ejercer el ministerio de una manera prepotente) y la abdicación (desdeñar el legítimo rol de líder). Aquí la palabra clave es autoridad *apropiada*. "El sacerdote debe evitar introducir en su ministerio pastoral cualquier forma de autoritarismo o de administración democrática, que son ajenas a la profunda realidad del ministerio, llevando estas a la secularización del sacerdote y a la clericalización de los laicos."[37]

El párroco nunca debe ser parte de un grupo divisivo o fuerza destructiva. Algunos sacerdotes tienden a alinearse entre ellos, incluso al empezar el seminario, con sub-grupos en sus presbiterados de la Iglesia en general, creando un clima destructivo de desconfianza e incluso odio entre "ellos" y "nosotros." Este "virus" impide a la gente participar en un diálogo respetuoso. Parece que tuvo su origen en la política americana de hace unos años y ahora ha invadido nuestras iglesias e incluso los corazones de algunos de nuestros párrocos.

¿Cómo puede un sacerdote dirigir la comunidad a él confiada para unificarla cuando él es parte de las fuerzas de desunión, incluso bajo el manto de la "ortodoxia"? En su encíclica *Ecclesiam Suam*, el Papa Pablo VI dijo que nuestro diálogo "no es orgulloso, no es hiriente, no es ofensivo, es pacífico, evita los modos violentos, es paciente, es generoso, es respetuoso."[38]

Hay dos maneras de arriar las ovejas. Una es caminar frente a ellas, como lo hizo el Buen Pastor, llamándolas con dulzura mientras ellas lo siguen, guiándolas a dónde necesitan ir. La otra es dando gritos y ladridos desde atrás, como un perro pastor, persiguiéndolas e intimidándolas para que vayan a donde tienen que ir. Los buenos pastores guían por invitación, los perros ovejeros llevan a las ovejas. Los líderes indican o señalan. Los jefes empujan.

Con referencia a esto, hay una tendencia en estos días a regañar en los discursos públicos, y esta tendencia ha invadido las predicaciones de algunos de los párrocos de la Iglesia. El Reverendo Bill Corcoran de Chicago ha señalado que muchos están preocupados por la efectividad de la Iglesia cuando sus líderes son percibidos como Villa Castigo. Sí los párrocos no pueden abordar su ministerio de una manera positiva, entonces quizá es mejor que guarden silencio.

Los párrocos algunas veces son vistos por otros como príncipes de la negatividad de todo lo que la sociedad tiene para ofrecer. Los párrocos necesitan permitirse el sentirse intimidados por la bondad que Dios ha traido al mundo. Necesitan celebrar y agradecer por la bondad que poseen los demás, por su misión, su vocación y su Iglesia. Es necesario enmendar los errores, pero también es importante cómo hacerlo. Los párrocos necesitan permanecer en el mensaje, y ese mensaje es el Evangelio de esperanza. Cuando perdemos la esperanza, nos castigamos. Los directores espirituales son expertos en manejar la esperanza, sin enojo, ni pesimismos.

Algunos observadores veteranos de la Iglesia insisten en que la más apremiante necesidad que enfrenta el catolicismo hoy en día es la calidad de su liderazgo sacerdotal. Sin importar cómo se clasifique la calidad del liderazgo sacerdotal en cualquier escala de prioridades de la Iglesia, claramente es un asunto de interés para la vitalidad de la Iglesia en cualquier época en que ésta se encuentre.

La autenticidad y madurez de la espiritualidad de los sacerdotes continúa siendo el aspecto fundamental apoyando su predicación, presidiendo, facilitando y administrando. Las destrezas pastorales pueden ser enseñadas, pero siguen siendo técnicas a menos que tengan raíces en una espiritualidad madura, que siempre llega con la edad y la experiencia. A medida que hombres de menor edad se convierten en pastores de la Iglesia, esta madurez empieza a ser más y más importante. El comprometerse a sí mismo a un alto propósito no significa necesariamente que uno haya desarrollado la fortaleza interior para cumplir dicho compromiso.

En resumen, la espiritualidad de un párroco implica integrar quién es el párroco con lo qué este parroco hace, siendo una buena persona y siendo bueno en lo que hace, contribuyendo a su propia salvación mediante su servicio a los demás. Si un párroco va a ser un "director espiritual," debe recobrar su púlpito, su silla presidencial y sacramental y su posición (solamente la suya) como líder de una comunidad de fe.

RECOBRA TU PÚLPITO
Los Sacerdotes como Predicadores de la Palabra

Los presbíteros, como cooperadores de los obispos,
tienen como obligación principal el anunciar a todos
el Evangelio de Cristo, porque con la palabra de
salvación se suscita la fe en el corazón de los no
creyentes y se robustece en la de los creyentes.

Presbyterorum Ordinis, no. 4[39]

Cuando se trata de dirección espiritual, un famoso predicador protestante, Dwight Moody, no lo pudo decir mejor: "La major manera de revivir una iglesia es encender un fuego en el púlpito." No hay mejor lugar que el púlpito para que un sacerdote dirija espiritualmente. Sin embargo, muchos párrocos desperdician esta oportunidad de oro cada semana, porque no están preparados o porque son triviales. Si un sacerdote tiene el ardiente deseo de dirigir espiritualmente a la gente, debe recobrar su púlpito.

La mayoría de la gente ha oído el término "el maravilloso púlpito" (*bully pulpit*), que significa que el púlpito es una estupenda plataforma desde la cual se aboga de manera persuasiva por una agenda. Este termino tuvo su origen en la referencia que el Presidente Theodore Roosevelt hizo de la Casa Blanca como un *"bully pulpit,"* una estupenda plataforma desde la cual presentó sus ideas políticas. Roosevelt siempre usó la palabra *"bully"* como un adjetivo para definir "estupendo" o "maravilloso."

Los párrocos tienen un "maravilloso púlpito," una estupenda plataforma desde la cual pueden moldear, formar y dirigir al Pueblo de Dios. Uno puede imaginarse cúanto mejoraría la Iglesia si los sacerdotes recobraran sus púlpitos con pasión. Los púlpitos católicos realmente son tesoros escondidos que esperan ser encontrados. Es desde allí, principalmente, que los sacerdotes pueden de la manera más efectiva dirigir espiritualmente. La predicación en la parroquia podría definirse como "dirección espiritual de grupo desde el púlpito."

Más que todo, el párroco debe recuperar su púlpito comprometiéndose a sí mismo, personalmente, a predicar dinámicamente al igual que a supervirsar y planear el ministerio de predicación de la parroquia. Es su responsabilidad guiar y trabajar estrechamente con los párrocos asociados, diáconos, y realmente con quienes están encargados del ministerio de la predicación, con un plan de acción deliberado y coherente. Es el trabajo del párroco preguntar ¿A dónde queremos llevar a esta congregación y qué debemos hacer para lograrlo?

San Gregorio Magno tiene muchas cosas interesantes que decir sobre la predicación en su tratado sobre "Teología Pastoral" ("Pastoral Care"). Él dice que el predicador debe ser tanto fructífero en su discurso como discreto en guardar silencio, no sea que mantenga en secreto lo que se debe pronunciar y pronuncie lo que se debe mantener en secreto. Con frecuencia, él dice que los sacerdotes, temerosos de perder el favor de los humanos, temen hablar libremente sobre lo que es correcto siendo lo que Isaías 56:10 llama "perros mudos, no pueden ladrar." Por otra parte, dice que cuando el director espiritual prepara su discurso debe tener en cuenta la prudencia al hablar, porque si da su discurso apresuradamente o mal ordenado, puede afligir los corazones de sus oyentes por la herida del error y quizá, cuando desee parecer sabio, romperá el lazo de unidad por su falta de prudencia.[40]

San Gregorio Magno también aborda el tema de hablar demasiado. Frecuentemente, dice él, el poder de lo que se ha dicho se debilita en los corazones de los oyentes debido a un torrente de palabras ofensivas e imprudentes.[41] En un retiro de sacerdotes, el Padre Walter Burghardt llamó a este tipo de predicación: constipación del pensamiento y diarrea de la boca.

Si la principal responsabilidad del sacerdote es proclamar el evangelio, entonces "a quien se le dio mucho, se le reclamará mucho; y a quien se confió mucho, se le pedirá más." (Lucas 12:48). Dejar de reconocer el poder de la Palabra y desperdiciar los "maravillosos púlpitos" confiados a él tienen que estar entre los pecados más graves que un párroco pueda cometer.

Si la "principal responsabilidad" del sacerdote es predicar, entonces ¡es más fácil decir que hacer! Aunque el Concilio Vaticano II hizo su decreto en 1965, puedes preguntar a cualquier católico honesto, cuarenta y dos años después, y él te contestarán que los sacerdotes todavía están fallando en su "principal responsabilidad." Los católicos sobrepasan límites parroquiales y diocesanos en búsqueda de alimento espiritual sólido; y cuando no lo encuentran, nos abandonan para unirse a aquellas mega iglesias independientes que están surgiendo por todo el país, arrastrando a la gente de nuestras parroquias a una velocidad alarmante. "La principal responsabilidad de los sacerdotes es predicar," ha llegado el momento de pasar ¡de un simple deseo a la realidad concreta! Para ser un "predicador profesional" de la Iglesia, se deben considerar varios factores:

EL PROPÓSITO DE PREDICAR

El propósito de predicar es "... invitar indistintamente a todos a la conversión y a la santidad."[42] El párroco no puede invitar a todos a la conversión y a la santidad sin haberse convertido él mismo a la santidad. De lo contrario, puede convertirse en una clase de "predicador profesional," un hábil manipulador de las personas para lograr sus propios fines, pero no será el "sacerdote," el medio de la "Buena Nueva" de Dios. El sacerdote puede ser capaz de entretener, hacer reir o llorar a la gente, hacer que le den dinero, pero nunca podrá ser capaz de llevarlos a la conversión y a la santidad sin haberse convertido y santificado él mismo.

¿QUÉ PREDICAR?

"Es siempre deber del sacerdote enseñar no su propia sabiduría, sino la palabra de Dios."[43] Los sacerdotes han sido llamados a predicar "el Evangelio." La palabra evangelio significa "Buena Nueva." La primera pregunta que un verdadero homilista se debe preguntar es: "¿Puedo describir en pocas palabra que la "Buena Nueva" es lo que Jesús vino al mundo a traer y que yo estoy comisionado para anunciarla?" Si no puede, ¡debe estar alejado de los púlpitos lo más que pueda! Lamentablemente, existen sacerdotes y diáconos que han estado "predicando" durante años, y seminaristas a punto de ordenarse después de 5 ó 6 años en el seminario que no pueden contester esta pregunta.

La "Buena Nueva" es y debe ser la conclusión de cada homilía, y debe ser la siguiente: ¡Dios nos ama sin peros, ni condiciones! Es el mensaje de la Alianza. Es el mensaje de las parábolas. Es el mensaje de la Pasión, la Muerte y la Resurreción de Jesús. Cuando el mismo predicador no entiende o no cree en la "Buena Nueva," usualmente termina predicando el mensaje opuesto al amor incondicional.

Los párrocos han sido llamados a predicar el "evangelio" no sus propias opiniones, prejuicios, sabiduría o asuntos que le irritan. Si hablar de sus viajes a Europa no lo ayudan a ilustrar el texto del evangelio, entonces ¡no debe hablar de ellos! Además, es insensible, en el mejor de los casos, no pensar en todas aquellas familias frente a nosotros que nunca van a poder costearse esos viajes. Sin importar qué tan cómico fue su último chiste, si no ilustra lo que Jesús dijo, debe dejarlo para otra ocasión. No se espera que los verdaderos predicadores sean humoristas en el púlpito. Predicar tampoco debe ser una clase sobre la Biblia ni una conferencia sobre Teología. La gente no está interesada en saber a dónde fue el predicador de vacaciones, qué tan chistoso es, qué le enoja o cuán sabio es. La predicación no es sobre el predicador, sino sobre cómo ayudar a la gente a responder la invitación de Cristo a la disciplina. ¡Los sacerdotes son el cofre , no el tesoro!

"... toda la predicación eclesiástica, como la misma religión cristiana, se nutra de la Sagrada Escritura, y se rija por ella. Porque en los sagrados libros el Padre que está en los cielos se dirige con amor a sus hijos y habla con ellos; y es tanta la eficacia que radica en la palabra de Dios, que es, en verdad, apoyo y vigor de la Iglesia, y fortaleza de la fe para sus hijos, alimento del alma, fuente pura y perenne de la vida spiritual."[44]

"Hay que reconocer y emplear suficientemente en el trabajo pastoral no sólo los principios teológicos, sino también los descubrimientos de las ciencias profanas, sobre todo en psicología y en sociología, llevando así a los fieles a una vida de fe más pura y madura."[45]

El sacerdote debe ser el constructor del puente que conecta lo humano con lo divino. Para hacerlo de una manera eficiente, debe conocer el terreno en ambos extremos del puente, al igual que el mismo puente. Uno de los ejemplos más tristemente célebres del predicador que no se conoce a sí mismo es aquel que no conoce su propia sexualidad, que no ha integrado su propia energía sexual. Será un predicador obsesionado, no con la "Buena Nueva," sino con el sexo, la moral y la vida sexual de los demás, como un tema substituto para no tratar con sus propios asuntos sexuales. Esto se hace, por supuesto, bajo la carátula de "promover la moralidad." Aquí la palabra clave es "obsesión."

PASIÓN POR PREDICAR

"El sacerdote mismo debe ser el primero en tener un gran conocimiento personal con la Palabra de Dios. Necesita acercarse a la Palabra con un corazón dócil y orante, para que ella penetre a fondo en sus pensamientos y sentimientos y engendre dentro de sí una mentalidad nueva: "la mente de Cristo." Sólo "permaneciendo" en la Palabra, el sacerdote será perfecto discípulo del Señor. El sacerdote debe ser el primer «creyente» de la Palabra."[46]

El sacerdote también puede anunciar el Evangelio solamente hasta el punto que la Palabra ha ardido en su corazón y la vive en su vida. Antes de que uno pueda ser como Samuel "no dejando caer en tierra ninguna de sus palabras." (1 Samuel 3:19), debe ser como Jeremías para quien predicar fue "Pero había en mi corazón algo así como fuego ardiente, prendido en mis huesos, y aunque yo trabajada por ahogarlo, no podía," (Jeremías 20:9) y "Se presentaban tus palabras, y yo las devoraba; era tu palabra para mí un gozo y alegría de corazón." (Jeremías 15:16). "Porque de lo que rebosa el corazón habla su boca." (Lucas 6:45). *"Nemo dat quod non habet."* "Nadie puede dar de lo que no tiene" (máxima antigua del latín). "Si tienes la historia dentro de ti, tienes que sacarla." (William Faulkner)

Predicar formalmente no es para cobardes ni débiles de corazón. Sólo aquel que está en una búsqueda real, personal y espiritual puede llegar alguna vez a ser un "predicador profesional" efectivo. ¡El "predicador profesional," más que el predicador promedio, debe conocer la palabra de Dios, conocer a la gente y conocerse a sí mismo! Las herramientas principales de un "predicador profesional" son las Escrituras, los diarios y sus propios diarios espirituales.

CONCENTRAR LA ATENCIÓN

Nadie nace siendo un "predicador profesional." Empieza con un sueño. Se nutre con la fe. Se perfecciona cuando se concentra toda la atención en ello.

"Están en lo cierto los que creen que pueden y los que creen que no pueden." (Henry Ford). El sacerdote que verdaderamente cree que puede llegar a ser un "predicador profesional" se comprometerá a ello, pero los resultados no se obtendrán fácilmente. Lograr este tipo de destreza toma años de atención concentrada. Transformar ese sueño en realidad exige mucho coraje. La duda es un enemigo constante. Donde reina la duda, hay una fuerte tentación de dejar ir parte del sueño como una manera de resolver tensiones inevitables. El éxito depende de la habilidad de permanecer entusiasmado, enfocado, y decidido. "Porque la visión tardará en cumplirse, pero camina hacia su fin y no fallará; aunque parezca tardar, espérala, pues se cumplirá en su momento." (Habacuq 2:3).

"¡Cuando el estudiante está listó, aparece el maestro!"
"Ayúdate que Dios te ayudará" (Esquilo, Fragmento 223).

ORGANIZÁNDOSE PARA EL ÉXITO

"Por un clavo se perdió una herradura, por ésta un caballo, y por éste el jinete."[47] Los sueños se benefician con un buen plan. Todo aquel que quiera ser un "predicador profesional" debe desarrollar su propio "centro de recursos personales de homilías" que constará de: un sitio cómodo para pensar y trabajar, un programa de computación para guardar y recuperar su trabajo, una biblioteca de comentarios, citas conocidas, un diccionario bíblico, un diccionario regular, un sistema de archivo de recortes de periódicos e ideas, una grabadora portable con cintas vírgenes, y un diario de sus experiencias personales.

Un predicador verdadero le pide comentarios a su gente. Puede terminar acumulando varias cajas de cartas recibidas de aquellos a quienes les ha pedido, confirmaciones, ideas y críticas constructivas. Descubrirá que cuando él alimenta a su gente, ésta a su vez lo alimenta a él, formando un ciclo de energía que le da a él el coraje y la determinación de seguir predicando. La respuesta de su gente es lo que hace que valga la pena. Hay algo mágico cuando se ayuda a la gente a ponerse en contacto con Dios.

Los católicos romanos están hambrientos de oír buenas prédicas. Van de parroquia en parroquia buscándolas. Cuando no las escuchan en su parroquia, se sienten entonces con derecho a buscarlas en otros lugares, tales como en las iglesias cristianas independientes que están apareciendo por todo el país. Esto no habla tanto de su poder de influencia sino de nuestras debilidades. Los feligreses no dejan sus parroquias por lo que está pasando en nuestros altares, sino por lo que no está pasando en nuestros púlpitos. Sin embargo, debido a lo que no está pasando en nuestros púlpitos, probablemente la gente no entiende lo que pasa en nuestros altares.

Los católicos probablemente están enojados porque el predicar se limita a los ordenados y éstos no hacen un buen trabajo principalmente. ¡Si quieres acaparar el pulpito, debes ser capaz de ganártelo!

LA HOMILÍA NO ES UN SERMÓN[48]

Sería bueno terminar este tema sobre la predicación dándoles un sencillo ejemplo de una buena homilía. Espero que este sencillo ejemplo ofrezca una manera simple de hacer las múltiples homilías semanales que un párroco debe hacer hoy en día.

El primero que hizo la distinción entre *logos* (o *sermo*) y *homilia* (o *tractatus*) fue Orígenes (185-253). *Logos* sigue el intrincado formato de la retórica clásica, mientras que el formato de *homilia* era directo y libre. *Homilia* era una exposición popular *y* aplicación de las Escrituras.

En la misma medida que Orígenes hizo una distinción entre *logos* y *homilia*, los reformadores del Concilio Vaticano II quisieron hacer una distinción entre homilía y la forma popular de predicar de hoy día: el sermón. Mientras que el sermón frecuentemente se basa en textos bíblicos especialmente para probar un argumento doctrinario, no necesariamente se origina en las lecturas diarias de la Escritura.

Antes del Concilio Vaticano II se hacía referencia al sermón como "la segunda interrupción" de la liturgia. En la Iglesia posterior al Concilio Vaticano II, se considera que la homilía "fluye de los textos sagrados" y "se recomienda encarecidamente, como parte de la misma Liturgia."

El Concilio Vaticano II restableció cuatro características de la predicación de la tradición antigua de Orígenes con el propósito de distinguir esta forma renovada de predicar, la homilía, de otras formas, especialmente del sermón. La predicación homilítica es (a) bíblica (b) litúrgica (c) kerigmática y (d) familiar.

PLANTILLA SIMPLE PARA UNA BUENA HOMILÍA

Una homilía se puede redactar en tres pasos: la introducción, el cuerpo de la homilía y la aplicación. En vez de empezar por la introducción, se puede ir directamente al cuerpo, luego a la introducción y, finalmente, a la aplicación.

PASO UNO: Al escribir una homilía empieza siempre con las Escrituras. Es importante notar la razón por la cual la Iglesia ha decidido poner juntas estas lecturas al igual que prestar atención a cada lectura individualmente. Puede ser una buena idea leer y releer varias veces todas las lecturas del día, buscando un punto en común entre ellas, y también un punto significativo en alguna de ellas, normalmente en el Evangelio. Esto se asemeja a pasar un detector de metales por un campo. Una vez que parezca que haga "clic" se puede desarrollar una idea o un concepto en vez de tratar de "hacerlo todo de una vez." Esto se puede hacer especialmente si uno quiere desarrollar una idea coherente, memorable, comprensible y útil en una una homilía de 12 minutos. Una vez de que se "extraiga" e investigue una idea del texto, estás listo para pasar al segundo paso: la introducción.

PASO DOS: Una vez que has extraído una pepita de oro de las Escrituras, busca reflexiones similares de la vida real (cuentos, cine, libros, experiencias personales o noticias) que tengan similitudes con las Escrituras. De esa manera se logra que la congregación pase de lo conocido a lo nuevo.

Debe evitarse hacer chistes que nada tienen que ver con el tema de la homilía, sólo para hacer que la gente se sienta relajada. La comedia en las homilías debe ser usada, en general, con moderación. Esto se aplica a los casos de los sacerdotes que hablan sobre sus vacaciones y viajes a Europa o a Tierra Santa, a menos que ilustren claramente la enseñanza de las Escrituras (una historia sobre las vacaciones en una iglesia llena de familias que no se las pueden costear, en realidad, aleja al sacerdote de su audiencia).

De ser posible, las historias o referencias deben tener un atractivo general. Las personas de la congregación deben poder sentirse identificadas con ellas: "¡Sí, tuve una experiencias semejante!" "Sí, a mí me pasó lo mismo!" Por lo tanto, la regla más básica debe ser ayudarlas a entender lo que dicen las Escrituras, haciendo comparaciones con situaciones de la vida real. Jesús lo hizo con sus parábolas. Él comparó algo que ellos conocían con algo que no conocían, para hacerlos identificar con una experiencia "ajá."

PASO TRES: El paso final es aplicar esta nueva reflexión a las vidas de los fieles y a las nuestras. Es preferible el uso liberal de la palabra "nosotros," en vez de "ustedes." El Padre Damien, el leproso, se dio cuenta de cómo mejoraron radicamente sus homilías el día en que pudo decir "Nosotros, los leprosos." En resumen, esta parte de la homilía busca la manera de mostrar la forma en que todos podemos aplicar las reflexiones de las Escrituras en nuestras propias vidas.

Según Orígenes, la *homilia* u homilía no es una clase sobre la Biblia, ni una conferencia sobre teología, ni la oportunidad de sacarse la piedra del zapato o fustigar a la congregación, ni el momento de promocionar el último programa parroquial o diocesano. Es una *exposición popular de las Escrituras*. Debe ser *libre y directa*. Además de tener una base bíblica, también tiene el propósito de encajar bien dentro de toda la liturgia del día, exponer las enseñanzas básicas de Jesús y ser fácilmente entendible y útil para el común de la gente.

Se necesita una persona sabia, una que pueda reunir el conocimiento y la enseñanza práctica para preparar una buena homilía. Si únicamente los teólogos pueden entender el mensaje del predicador, puede que el sacerdote sea "inteligente," pero no necesariamente "sabio." Sí el predicador no es lo suficientemente inteligente, ni tampoco está en contacto con los que no pertenecen a la élite para comunicarles sus conocimientos, entonces ese predicador probablemente no debe dar las homilías en las parroquias. El propósito de la homilía no es impresionar o juzgar a los oyentes, sino comprometerlos y animarlos a un verdadero discipulado.

La dirección espiritual del párroco requiere que él tome su papel de predicador con la más grande seriedad, convirtiéndose en un "predicador profesional." El púlpito de la parroquia ciertamente es el principal lugar para tal dirección espiritual. El párroco que quiera ser un verdadero director espiritual necesita recobrar su púlpito.

Siendo el altar de por sí un lugar sagrado, el mejor lugar para dar la homilía *es el púlpito*. Al igual que caminar de arriba abajo por los pasillos de la iglesia con el plato y el pocillo en la mano, consagrando las especies sagradas disminuiría el carácter sagrado de ese acto, predicar fuera del púlpito podría disminuir el carácter sagrado de la Palabra predicada.

Hay muchas opiniones fuertes sobre escribir o no escribir las homilías. Para ser un director espiritual serio en una parroquia ajetreada, podría ser una buena idea, especialmente si se ha trabajado mucho y por mucho tiempo en una homilía, escribirla y guardarla para sacarle el mayor provecho posible.

1. Las homilías impresas le dan al predicador la ventaja depoder usar la frase correcta, evitando repeticiones y usando las mismas palabras varias veces. Las objeciones de "parece que estuviera leyendo," pueden ser evitadas desarrollando un estilo de escribir hablado, el cual es muy diferente al estilo normal usado para escribir. Aun si sólo se le echa una ojeada al texto en el púlpito, la disciplina de escribirlo evitará que el predicador divague, repita y busque la palabra correcta de memoria, mientras está de pie en el púlpito.

2. Las homilías impresas ofrecen una manera de conectar a la comunidad que esté presente con aquellos que físicamente no pueden estar allí, debido a enfermedad u otras diversas razones. Si el párroco quiere guiar espiritualmente a toda la congregación, no solamente a aquellos que asisten solamente el fin de semana, él puede compartir su predicación de muchas otras maneras: imprimiéndolas o grabándolas.

3. Mientras que reusar las homilías puede ser mala idea entérminos generales, las homilías que se han guardado pueden ser adaptadas rápidamente, especialmente al celebrar bodas múltiples y funerales de personas no conocidas, o cuando se prevén eventos de

la parroquia que inesperadamente usurpan el valioso tiempo del sacerdote. Las homilías que se han guardado, cuando se archivan bien, pueden ser recuperadas y organizadas por temas para los días de recordación, misiones y retiros parroquiales, e inclusive se pueden convertir en libros de lecturas espirituales. Asumiendo que el párroco trabaja mucho en la predicación, ¿por qué no sacarle todo el provecho que se pueda a este trabajo, guardando su texto?

En resumen, tener una biblioteca de homilías bien redactadas y archivadas que se puedan recuperar fácilmente, puede ser una de las formas más eficaces para que los párrocos, como directores espirituales, puedan usar bien su valioso tiempo. Es fatigante empezarlas de cero o "improvisarlas" cada vez que hay que predicar. La disciplina de escribir es también por sí misma un ejercicio espiritual para el que la escribe.

RECOBRA TUS LIBROS DE RITUALES

El Sacerdote como Ministro de los Sacramentos

*Por esta razón, los pastores de almas deben vigilar
para que en la acción litúrgica no sólo se observen las
leyes relativas a la celebración válida y lícita, sino
también para que los fieles participen en ella consciente, activa y fructuosamente.*

Sacrosanctum Concilium, no. 11[49]

Es lo mismo predicar las Escrituras y celebrar los Sacramentos:
La proclamación de la buena Nueva. Ambas son invitaciones a
buscar respuestas. En la Iglesia del Concilio Vaticano II, al fin y
a la postre, podemos hacer ambas cosas al mismo tiempo. Los
sacerdotes jóvenes pueden no darse cuenta de que una de las
más grandes contribuciones del Concilio Vaticano II fue la
entrega de las Sagradas Escrituras al laicado en general, a la
vez que les dio un uso más extendido, en particular en la
celebración de los Sacramentos.

Los Sacramentos, momentos privilegiados cuando se
comunica la vida divina a las personas, son el mismo corazón
del ministerio sacerdotal. Cuando los sacerdotes celebran los
Sacramentos actúan *en la persona* de Cristo.

Por lo tanto, se necesitan dos cosas:

1. Aunque Jesucristo puede actuar a través de las debilidades de los seres humanos, si los sacerdotes debemos actuar en la persona de Cristo, se debe seguir un
   estilo de vida digno de confianza. San Agustín dijo: "El
   don de Cristo no por ello es profanado por un ministro
   débil; lo que llega a través de él conserva su pureza, lo
   que pasa por él permanence. Lo que atraviesa seres
   manchados no se mancha."[50] A pesar de que el mensaje

65

no depende de la bondad del mensajero, los sacerdotes deben moldear su vida de tal manera que se conviertan en el puente y no en un obstáculo.

2. Se necesita una ceremonia y celebración litúrgica de alto nivel, sin espectáculos, ni gustos personales por estilos extraños a la comunidad. La mejor máxima debe ser: "Sigue bien las reglas, con sus excepciones." La esencia del ministerio sacerdotal es la celebración de la Eucaristía, dentro de la cual la Palabra juega una parte importante, "la cumbre y la fuente"[51] de la vida cristiana. El Bautismo, la Confirmación y la Ecucaristía son Sacramentos de iniciación; la Confesión y la Unción de los Enfermos son Sacramentos de sanación; la celebración del Órden por los obispos y la celebración del Matrimonio, cuyos testigos son los sacerdotes y diáconos, son sacramentos de servicio.

Para que los párrocos sean directores espirituales efectivos necesitan no solamente tener un gran conocimiento personal de la Palabra de Dios, sino también un gran conocimiento personal de los textos litúrgicos de la Iglesia. Deben ser capaces de manejarlos con cuidado y navegar por ellos con facilidad para así soltar su poder de transformar las vidas de aquellos que celebran los Sacramentos.

¿Cuantas veces hemos observado a los sacerdotes, durante la celebración de alguno de los Sacramentos, ojear los rituales, buscando una "buena" opción, sólo para conformarse con "cualquier cosa que sirva?"

¿Cuantas veces hemos observado a los sacerdotes, durante la celebración de alguno de los Sacramentos, manejar el ritual como si fuera un libro de cocina, en vez de una carta de amor? Es diferente "hacer sonar las teclas" que "hacer música."

¿Cuantas veces hemos observado a los sacerdotes, durante la celebración de alguno de los Sacramentos, manejar el ritual como si estuvieran "haciéndo algo personal?" en vez de presidir la integración de otros ministros de música y lectura, manejando a la vez los objetos sagrados y haciendo uso digno del espacio sagrado? No es suficiente leer correctamente las palabras de los rituales.

Un párroco que quiera ser un director espiritual efectivo necesita usar los rituales de la Iglesia de tal manera que la gente se "conecte" con Dios. Necesita poder manejar no sólo los rituales, sino también al púlpito, los altares, las sillas presidenciales, las fuentes bautismales, el pan y el vino, el agua y el aceite, los vasos y los hábitos, con desenvoltura y clase. Para lograr una dirección espiritual efectiva, necesita reconocer los rituales y los sacramentales que usa como herramientas.

Si el objetivo de la liturgia es intensificar el crecimiento diario de los católicos en su vida crisitiana, ¿no debe un párroco manejar sus "herramientas" con el mayor cuidado para lograr el máximo beneficio en la vida de aquellos a quienes él sirve?

"Los pastores de almas deben vigilar para que en la acción litúrgica no sólo se observen las leyes relativas a la celebración válida y lícita, sino también para que los fieles participen en ella consciente, activa y fructuosamente."[52]

"Y como no se puede esperar que esto ocurra, si antes los mismos pastores de almas no se impregnan totalmente del espíritu y de la fuerza de la Liturgia y llegan a ser maestros de la misma, es indispensable que se provea antes que nada a la educación litúrgica del clero."[53]

No es suficiente ser un sacerdote ordenado oficialmente, de por sí, para una adecuada dirección espiritual. Lo sacerdotes también son llamados a "cultivar convenientemente la ciencia y, sobre todo, las prácticas litúrgicas, a fin de que por su ministerio litúrgico las comunidades cristianas que se les han encomendado alaben cada día con más perfección a Dios."[54]

Cuando un líder espiritual entiende y usa bien sus libros de rituales, puede decir como el Salmista "Yo lo recuerdo, y derramo dentro de mí mi alma, cómo marchaba a la Tienda admirable, a la Casa de Dios, entre los gritos de júbilo y de loa, y el gentío festive." (Salmos 42:5)

RECOBRA TU AUTORIDAD

El Sacerdote como Líder de la Comunidad

*En efecto, el sacerdocio ministerial no significa de
por sí un mayor grado de santidad respecto al
sacerdocio común de los fieles; pero, por medio de él,
los presbíteros reciben de Cristo en el Espíritu un
don particular, para que puedan ayudar al Pueblo de
Dios a ejercitar con fidelidad y plenitud el sacerdocio
común que les ha sido conferido*

Pastores Dabo Vobis, no. 17[55]

Antes de que el sacerdote recobre su posición como líder
de la comunidad cristiana, necesita saber cuál es su lugar.
Necesita recuperar su posición, sí pero solamente su posición.

En la Iglesia, entendida como el Pueblo de Dios, el sacerdote funciona como siervo del pueblo de Dios y como aquel
que debe ejercer su ministerio en cooperación e interdependencia con diversos ministerios de la Iglesia. Los dos
primeros cánones del cuidado pastoral individual son: (a)
Conocer a las personas y sostener de relaciones amistosas con
ellas, y (b) Armonizar el cuidado pastoral y la visión que tiene
la comunidad del ministerio pastoral.

De acuerdo con lo anterior, un párroco es un líder importante de la comunidad a él confiada. "Animado siempre por la
caridad pastoral no debe temer ejercer la propia autoridad en
aquellos campos en los que está llamado a ejercerla, pues para
este fin ha sido constituido en autoridad. Hoy día la
"autoridad" tiene mala fama, pero cuando es ejercida con la
debida fortaleza, la autoridad no se efectúa como un mandato
sino como un servicio. El párroco debe evitar la tentación de
evadir esta responsabilidad. Si no ejerce la autoridad, no podrá
servir más."[56]

Puede haber abuso de autoridad al menos de dos formas: demasiada o muy poca. "El sacerdote evitará introducir en su ministerio pastoral todas las formas autoritarismo extemporáneo como modalidades de gestión democratizante ajenas a la realidad más profunda del ministerio, que conducen como consecuencia a la secularización del sacerdote y a la clericalización de los laicos."[57]

En su ministerio pastoral, los párrocos comparten el ministerio con sus obispos. Los sacerdotes hacen que el obispo esté presente en las congregaciones locales individuales a ellos confiadas. Como compañeros de confianza del obispo, los sacerdotes no llevan a cabo su propio ministerio, sino que ayudan al obispo a llevar a cabo el suyo.

El objetivo esencial del ministerio del sacerdote es que este sea un defensor del bien común. Como tal, nunca favorece a ninguna ideología ni partido humano. El sacerdote siempre pasa del punto de vista personal al punto de vista general. Su tarea es reconciliar las diversas inclinaciones de tal manera que nadie se sienta extraño en la comunidad de los fieles. Al mismo tiempo, los sacerdotes son defensores valientes de la verdad, para que los fieles no se vean arrastrados por todo el viento de doctrina.[58]

Los vicarios parroquiales participan en el ministerio pastoral. Los vicarios parroquiales son compañeros de trabajo del pastor, unidos al párroco con una misma voluntad y empeño, y también bajo su autoridad. Los vicarios parroquiales pueden ser designados para que se encarguen del cumplimiento del ministerio pastoral de toda la parroquia, de una parte determinada de la parroquia, o de algún grupo de fieles cristianos de la parroquia. También se le puede asignar para que ayude, al mismo tiempo, en el cumplimiento de algún tipo de ministerio en varias parroquias.[59]

Los sacerdotes no son sacerdotes en el vacío. Ellos sirven en la iglesia, en un presbiterado junto con su obispo. En su calidad de compañeros de trabajo de confianza del obsipo, los sacerdotes se apoyan uno a otro, no actúan como "soldados aislados" o individuos en su "práctiva privada," sino en una "íntima fraternidad sacramental"[60] para servir. El Sacramento de la Sagrada Ordenación se confiere a cada uno de ellos como individuos, pero son introducidos en la comunión del presbiterado en unión con el obispo. Esta fraternidad sacramental implica que cada miembro está unido a los otros mediante un sentido de propósito común y de colaboración en la misión diocesana. Ellos sirven como el equipo ministerial unido del obispo con el propósito de ofrecer al pueblo de Dios un ministerio coherente y unificado.

El diaconado y el presbiterado participan de manera diferencial en el ministerio del obispo. Contrario a la creencia popular, el diaconado no es un subordinado del presbiterado, sino una de las dos armas ministeriales del obispo. El diácono no es "casi un sacerdote," ni uno que llena los vacíos cuando los sacerdotes no están disponibles. Los diáconos son ministros de servicio, y como tales tienen la obligación de promover la *diaconia* de toda la Iglesia. Ellos no sirven *por* la Iglesia, sino que más bien inspiran, motivan y entrenan a otros para que sirvan. Los sacerdotes y los diáconos son subordinados directos del obispo, cada uno con sus propios y únicos ministerios.

En conclusión, si un párroco va a ser un líder espiritual efectivo, él debe saber cuál es su lugar y ocupar su lugar, pero solamente su lugar. El Papa Juan Pablo II expresa muy bien la relación del sacerdote con el pueblo de Dios en *Pastores Dabo Vobis* "por medio del sacerdocio común de los fieles, los presbíteros reciben de Cristo en el Espíritu un don particular, para que puedan ayudar al Pueblo de Dios a ejercitar con fidelidad y plenitud el sacerdocio común que les ha sido conferido." Agrega que "El sacerdocio no es una institución que existe junto con los laicos, o "encima de" los laicos. El sacerdocio es "para" los laicos: justamente por esta razón posee un carácter ministerial, es decir uno "de servicio."[61]

En el Concilio Vaticano II[62] se dijo: "Los presbíteros deben reconocer y promover sinceramente a los presbíteros la dignidad de los seglares y la suya propia, y el papel que desempeñan los seglares en la misión de la Iglesia." Los presbíteros no deben ocupar el lugar del laicado; ellos ayudan al laicado a ocupar su legítimo lugar en la Iglesia.

Habiendo dicho esto, recobrar nuestro lugar es mucho más complicado que recuperar nuestro título. No nos convertimos en directores espirituales simplemente por ocupar un despacho, usar una sotana, tomar un curso sobre el tema o incluso por nuestra propia determinación de hacer nuestro trabajo. La prueba del liderazgo espiritual está en los resultados, no simplemente en tomar posesión de un cargo o en un título.

¿EN DÓNDE ESTÁS TÚ, Y EN DÓNDE ESTÁN ELLOS?

Puedes ser líder únicamente si estás al menos un paso delante de aquellos a quienes guías.

Dr. M. Scott Peck

Lo primero que se debe hacer cuando se es llamado a ser director espiritual es examinar claramente el estado de la propia espiritualidad; esto es esencial antes de tratar de dirigir espiritualmente a alguien.

Lo segundo es examinar claramente el estado de espiritualidad en el que están los individuos a quienes se intenta dirigir; esto es esencial antes de tratar de guiarlos hacia algún punto.

Un capítulo del libro de 1987 del Dr. M. Scott Peck's, *The Different Drum*[63] (*El Tambor Diferente*), me ayudó más que nada a entender este paso esencial de la dirección espiritual. Sus reflexiones están basadas en el libro de 1982 de James Fowler, *Stages of Faith*[64] (*Etapas de la Fe*). El Dr. Peck presenta el concepto de crecimiento espiritual de una manera simple y atractiva para una generación de buscadores espirituales que están dentro o fuera de la estructura de la Iglesia.

El Dr. Peck presenta de una manera sencilla el lado *esotérico* de la religión a una generación que se ha rendido al lado *exotérico* de la religión. Lo *exotérico* se enfoca en las estructuras, reglas y formas de la religión formal. Lo *esotérico* se enfoca en lo que pasa *dentro* de las personas. El Dr. Peck llama *espiritualidad* al lado *esotérico* de la religión.

Una de las desventajas de las ideas propuestas por el Dr. Peck no es que él sea "populista," sino que separa la *espiritualidad* de la *religión*, una tendencia de moda. En esta tendencia la *espiritualidad* se percibe como buena, mientras que la *religión* como mala.

73

Por supuesto que la religión organizada ha llamado la atención hacia sí misma. La esterilidad de la religión organizada ha dado a luz a este divorcio por no haber sido capaz de satisfacer el voraz apetito de crecimiento espiritual, principalmente porque estaba demasiado enfocada en preservar el lado exotérico de la religión. Lo ideal es cuando tanto el lado esotérico como el exotérico de la religión estén en equilibrio – cuando la religión tiene corazón, cuando la presencia de Dios se siente en las estructuras, reglamentos y formas de la religión formal.

Se puede aprender de múltiples fuentes. La verdad es la verdad sin importar quien la diga. Se puede aprender algo muy importante, incluso de las analogías del Dr. M. Soctt Peck. Él discurre que al igual que hay etapas discernibles en el crecimiento humano físico y sicológico, también hay etapas en el crecimiento espiritual humano.

El resumen que hace el Dr. Peck de estas etapas puede ser útil para ayudar a los directores espirituales a entenderse y conocerse con mayor profundidad, y a la vez, entender y conocer otras personas que tienen diferentes perspectivas y aproximaciones religiosas.

Sus reflexiones pueden ayudar a los sacerdotes a entender por qué ciertos individuos se sienten atraídos por ciertas parroquias, por qué tienen reacciones tan fuertes al cambio, por qué piensan de la manera cómo piensan, e incluso por qué ciertos individuos deciden dejar la Iglesia para siempre. Sus reflexiones pueden ayudar a los párrocos a entender especialmente cuán importante es aceptar una gama de estilos de espiritualidad con el propósito de mantener juntas en la misma comunidad a cuantas personas sea posible. Sus reflexiones pueden ayudar a los directores espirituales a ser más inclusivos y menos exclusivos, dándose cuenta de que la gente puede estar en diferentes puntos del mismo camino.

ETAPA I: ESPIRITUALIDAD SUBDESARROLLADA

La mayoría de los niños pequeños y quizá uno de cada cinco adultos se encuentran en esta Etapa I, que es esencialmente la de la espiritualidad subdesarrollada.

Se llama "asocial" porque aquellos adultos que se encuentran en ella en general parecen incapaces de amar a los demás. Sus relaciones con sus compañeros son esencialmente manipuladoras y egoístas, realmente les importa un rábano los derechos o las necesidades de los demás.

Se llama "caótica" porque estos individuos básicamente carecen de principios, y sin éstos no hay nada que pueda gobernarlos, excepto su propia voluntad. Ya que su voluntad varía de un momento a otro, carecen de integridad. A menudo terminan en la cárcel o no tienen la capacidad de relacionarse con los demás. Pueden ser bastante disciplinados para conseguir lo que quieren, alcanzando así posiciones de gran prestigio y poder, incluso llegan a ser presidentes de una corporación o predicadores influyentes. Usualmente estos individuos van por la vida de esta manera y la viven sin cambiar. Incluso, algunos se suicidan porque son incapaces de re imaginarse así mismos de otra manera.

Algunos, sin embargo, pasan a la Etapa II. Estas conversiones son usualmente repentinas y dramáticas. Llegan a un punto en que cualquier cosa es preferible al caos; están dispuestos a hacer cualquier cosa con tal de liberarse a sí mismos del caos, aun al punto de someterse por su propia voluntad a una institución para que los gobierne. Se convierten en prisioneros modelo. Puede que incluso se unan a las fuerzas armadas o a alguna otra organización de estructura rigurosa tal como una iglesia fundamentalista u otra sumamente organizada.

ETAPA II: ESPIRITUALIDAD INSTITUCIONAL

Hay varias características en el comportamiento de hombres y mujeres que se encuentran en la Etapa II, que es la etapa en la que está la mayoría de quienes van a la iglesia.

Una de las características de los individuos que se encuentran en esta etapa es su apego a las formas de la religión, que es lo que hace que se le llame "Institucional." Están tan apegados a las formas religiosas que se desilusionan mucho si hay cambios en las palabras, música o en el orden tradicional de las cosas, porque precisamente estas formas son las causantes de su liberación del caos. No es de extrañar que los individuos que se encuentran en esta etapa de desarrollo espiritual, se sientan muy amenazados cuando pareciese que alguien se estuviera "metiendo" con las reglas. A medida que están más destrozados por dentro, necesitan más de las apariencias para sostenerse. Esta es precisamente la razón por la cual se encuentran en la Etapa II. Estas estructuras son las que ponen sus vidas en orden.

Una segunda característica de los individuos de la Etapa II es su percepción de Dios. Los individuos en esta etapa tienden a imaginar a Dios casi totalmente como una Criatura externa, trascendente. Tienen poca comprensión del inmanente Dios que existe interiormente-que mora permanentemente en el alma. Pero una vez más, no es por casualidad que su visión de Dios es aquella de un Policía gigante, benévolo en el Cielo, porque ese es precisamente el tipo de Dios que necesitan.

Una tercera característica de los individuos en esta etapa es el alto valor que le dan a la estabilidad. Los niños criados en esta estabilidad absorben los principios de sus padres hasta que llega el día, usualmente al final de su adolescencia, cuando quieren liberarse de tal estabilidad. Quieren ser seres humanos que se auto gobiernen. Empiezan pasándose, a disgusto de sus padres, a la Etapa III. Se convierten en escépticos y frecuentemente se llaman a sí mismos "agnósticos."

ETAPA III: ESPIRITUALIDAD INDIVIDUAL

Estos que se auto proclaman "no creyentes" con frecuencia están más desarrollados espiritualmente que muchos que se contentan con permanecer en la Etapa II. Aunque individualistas, no son nada asociales. De lo contrario, siempre están bastante comprometidos e involucrados en causas sociales. Toman sus propias decisiones. No creen en todo lo que escuchan, aunque provenga de la Iglesia. Usualmente son padres amorosos e intensamente dedicados a sus hijos.

Los individuos más avanzados de la Etapa III son buscadores activos de la verdad. Si los individuos de esta etapa buscan profunda y extensamente la verdad, la encuentran, pero nunca encuentran todas las piezas del rompecabezas. Sin embargo, son capaces de vislumbrar el panorama completo y ver que realmente es hermoso y que se parece a aquellos "mitos primitivos" y "supersticiones" en los que sus padres y abuelos creían. En este punto puede empezar su conversión a la Etapa IV, que es la etapa mística y comunal del desarrollo espiritual.

ETAPA IV: ESPIRITUALIDAD MÍSTICA

Los místicos son aquellos que pueden ver el trasfondo de las conexiones de todas las cosas. Se dan cuenta de que todos somos parte integral de la misma unidad. Los místicos reconocen la enormidad de lo desconocido. En vez de sentirse temerosos por este, buscan comprenderlo, dándose cuenta de que entre más profundo vayan mayor será el misterio. En contraste dramático con aquellos de la Etapa II que necesitan estructuras dogmáticas claras y simples y tienen pocas ganas de lo conocido y lo desconocido, los que están en la Etapa IV acogen el misterio. Los individuos de la Etapa IV entran a una religión para acercarse al misterio. Los de la Etapa II entran a la religión para escapar del misterio.

Los individuos de la Etapa IV están más conscientes de que todo el mundo es una comunidad y que precisamente es la falta de conciencia sobre este hecho lo que nos divide en campos de guerra. Cuando los individuos de la Etapa IV regresan a la religión, lo hacen con nuevos ojos. No necesitan respuestas para todo. Usualmente hacen más de lo que las reglas de la institución permiten.

ALGUNAS CONCLUSIONES

Hay, por supuesto, muchos grados dentro de, y entre las cuatro etapas de desarrollo espiritual.

Con frecuencia se les llama "reincidentes" a los individuos que están entre la Etapa I y II. Estos son los individuos que, por ejemplo, "son salvados" de una vida disoluta de alcohol y apuestas, por una iglesia fundamentalista, sólo para recaer uno o dos años después de llevar una vida de sobriedad y temor a Dios. Puede que necesiten "salvarse" una segunda vez, y frecuentemente continúan rebotando una y otra vez entre las Etapas I y II.

De manera similar, los individuos rebota una y otra vez de la Etapa II a la III. Estos son, por ejemplo, los católicos que abandonan la Iglesia sólo para sentirse devorados por la culpabilidad. Pueden "intentarlo una vez más" yendo a la Misa de Medianoche o haciendo propósitos de Cuaresma, de regresar a la Iglesia, sólo para darse cuenta de que no son capaces de cumplir estas promesas. No es que no tengan buenas intenciones para intentarlo, sino que con frecuencia se dan cuenta de que "su mente ya no está ahí."

Puede que estos católicos no se den cuenta de que pueden ir a otro lugar, excepto regresar. No saben que pueden ir hacia adelante. La Etapa IV les da la opción de regresar a la Iglesia, pero viendo las cosas de una manera diferente, con una fe más madura.

De manera similar, los individuos rebotan una y otra vez entre las Etapas III y IV. Frecuentemente los individuos de la Etapa III se sienten intrigados por los asuntos espirituales que ofrece la etapa IV, pero se sienten temerosos y regresan a la seguridad "racional" de la Etapa III. Tienen temor a ser atrapados en algo que no sean capaces de manejar, o peor aún, temen que les pueda gustar. Esto es especialmente cierto para los individuos que fueron lastimados cuando estuvieron en la Etapa II. Tienen miedo a ser lastimados de nuevo si se involucran una vez más en la religión. Quieren y temen a la vez.

También existe un sentimiento de amenaza en los individuos que están en las diferentes etapas de desarrollo espiritual, por lo que es necesario que los párrocos y el personal de la parroquia manejen constructivamente estas amenazas percibidas por ellos.

Aquellos de la Etapa I, que adoptan la pretensión de sentirse "chévere," y "que lo saben todo" se sienten amenazados por casi todo y por todos. Los individuos de la Etapa II no se sienten amenzados por los "pecadores" de la Etapa I. Realmente los perciben como una mina de oro de conversos.

Aquellos de la Etapa II pueden sentirse amenazados por los escépticos de la Etapa III y aún más por los místicos de la Etapa IV, que creen en muchas de las mismas cosas que ellos creen, pero con una libertad que ellos perciben como absolutamente aterradora.

Los individuos de la Etapa III no se sienten amenazados ni por los de la Etapa I (a quienes consideran sin principios) ni por los de la Etapa II (a quienes consideran supersticiosos), pero se acobardan con los de la Etapa IV, a quienes perciben mucho más similares a ellos, pero quienes sin embargo todavía creen en algunos de los "asuntos locos de Dios" en los que creen los individuos de la Etapa II.

Es sumamente importante para los sacerdotes, especialmente los párrocos, conocer estas amenazas. Ellos pueden orientar a otros individuos solamente si están, al menos, un paso delante de ellos. Si están demasiado adelante, probablemente los perderán. Si están demasiado atrás, probablemente no sepan cómo alcanzarlos, y hasta pueda que crean que son malos.

Es importante entender las etapas para construir la comunidad. Un grupo de feligreses en la misma etapa de espiritualidad no es realmente una comunidad, sino un grupito, un subgrupo dentro del grupo. Una verdadera comunidad probablemente tendrá gentes de todas las edades en todas las etapas.

Es necesario tener cuidado al tratar constructivamente con las amenazas de los individuos en diferentes etapas. Cuando un director espiritual no puede aceptar una variedad de espiritualidades, termina manejando parroquias que se especializan en la etapa de espiritualidad en la que él mismo está. Vemos que estas parroquias "especialistas" se desarrollan en todas las diócesis. Los individuos gravitan hacia aquellos que los reciben y se alejan de quellos que los rechazan.

Las conversiones entre las etapas I y II son, generalmente, repentinas y dramáticas, mientras que las conversiones entre las etapas II y IV son, generalmente, graduales. Es, durante el proceso de conversión de la Etapa II a la IV que la gente en general se vuelve más consciente de que existe algo llamado crecimiento espiritual. Estas conversiones no están tan dirigidas por los directores espirituales como por Dios mismo. Es, entonces, un asunto de aceptarlas, permitiendo que Dios las dirija.

El reto de los párrocos que quieren ser directores espirituales efectivos, especialmente en la Iglesia de hoy, es encontrar la manera de facilitar la conversión entre aquellos que están listos para pasar de la Etapa II a la IV sin haber tenido que pasar toda su adultez en la Etapa III. Aún así, los directores espirituales pueden beneficiarse al recordar que llegar a a Etapa IV es justamente el comienzo de un proceso de toda la vida del que nadie se gradúa.

¿CÓMO CRECEMOS ESPIRITUALMENTE?

Yo planté, Apolo regó; mas fue Dios quien dio el crecimiento.

1 Corintios 3:6

La suposición en esta sección es que la "espiritualidad" se refiere al cambio personal e interno que conduce a una disciplina más profunda, no solamente a la multiplicación de los rituales religiosos, prácticas piadosas, o participación en las parroquias, sin importar qué tan útiles sean en el proceso de la transformación. De hecho, cuando uno como sacerdote no puede inspirar y orientar espiritualmente, existe la tentación de esconderse tras un simple rol cúltico y tras las actividades diarias de la parroquia.

De la misma manera que Dios llama y gradualmente convierte en líderes a aquellos que responden su llamada, también hace que crezca el espíritu *dentro* de aquellos que responden su llamada al discipulado. La conversión puede ocurrir en un instante, pero pueden pasar años para el crecimiento y la transformación espiritual. Si los sacerdotes van a ser las comadronas en este proceso, entonces necesitan entender cómo ocurre el crecimiento espiritual.

La mejor historia de las Escrituras para explicar cómo ocurre el crecimiento espiritual puede ser la historia del Éxodo. El Éxodo es la historia del pueblo que ha sido llamado a algo nuevo. Partieron con entusiasmo, fueron tentados por el desaliento para devolverse en el proceso, tomaron la decisión de fidelidad y, finalmente, alcanzaron un nuevo nivel de crecimiento.

En esta sección del libro sobre cómo ocurre el crecimiento espiritual, presento una serie de charlas, tituladas "Tomar el Control de Tu Propia Transformación Espiritual," que di a la congregación de la Catedral de la Asunción en Louisville, Kentucky, durante mi permanencia allí (1983-1997). Después de predicar el llamado de Dios a la "conversión," durante muchos años, la congregación empezó a quejarse. "¡Ya te escuchamos! ¡Hemos respondido a la llamada!" "¡Ahora indícanos a dónde seguir!" La conversión es, por supuesto, un don de Dios, pero la transformación es el resultado de las respuestas llenas de gracia del pueblo a la llamada a la santidad y a un discipulado más profundo.

Estas charlas contienen los conceptos espirituales y los temas de las Escrituras que me guiaron como "director espiritual" de esa congregación. Dios los llamó a la santidad y les dio la habilidad de responder, pero fue Moisés, por así decirlo, él que los animó a aceptar la invitación de Dios y los empujó para mantenerse ahí, sabiendo, como lo dijo el Papa Juan Pablo II que "Toda la formación es finalmente auto-formación."

TOMAR EL CONTROL DE TU PROPIA TRANSFORMACIÓN ESPIRITUAL

"Cuando la Oportunidad Llama a tu Puerta"

Dada el 28 de Febrero de 1993

Entonces Jesús fue llevado por el Espíritu al desierto para ser tentado por el diablo.

Mateo 4:1

El evento más significativo de mi vida, incluso más que mi ordenación, ocurrió en la primavera de 1965. Me sentía terriblemente avergonzado y evitaba encontrarme con la gente o meterme en situaciones desconocidas. Le tenía miedo a la vida. Yo era, como lo llamó George Bernard "una temerosa nubecilla de resentimientos y aflicciones, quejándome porque el mundo no se dedicaba a hacerme feliz."

Ese día estaba yo parado frente a una escalera de escape de incendios fuera de mi cuarto en el Seminario Saint Meinrad con un compañero seminarista, Pat Murphy. En lo que debería ser un momento de gracia, un don impulsado por Dios, de repente le solté: "¡Pat, estoy tan enfermo y cansado de sentir vergüenza y miedo en la vida que voy a remediarlo aunque me muera!"

¡Me quedé en shock por las palabras que salieron de mi boca! Pero a partir de ese momento me enfrenté al cobarde que hay en mí. Desde ese día, a propósito he "matado dragones" y "enfrentado demonios" en mi cabeza y en mi camino. No estaría donde estoy hoy si no hubiera sido porque ocurrió ese "momento de gracia" al que respondí con entusiasmo. Aquel día decidí no consentir más mi resistencia al llamado al crecimiento personal y espiritual. Aquel día, frente a esa escalera de incendio, hice mi primera decisión consciente de entrar al mundo de crecimiento espiritual y vivirlo delibe-radamente. ¡Qué adecuada y simbólica resultó la decisión que tome en esa "escalera de escape de incendios!" Hasta ese momento mi vida había sido guiada por la creencia de que "la vida es algo que te ocurre y lo único que puedes hacer es sacarle el mayor provecho."

Aquel día frente a esa escalera de escape de incendios aprendí finalmente un principio fundamental del crecimiento espiritual. No se puede usar como excusa el miedo y el dolor para retroceder ante la vida. Desde ese día, he llegado a entender que el dolor tiene un propósito. El dolor captura nuestra atención y nos permite saber que el cambio es nece-sario. El dolor nos señala que es el momento de continuar y aprender nuevos comportamientos. Desafortunadamente, muchos de nosotros saboteamos la posibilidad de crecer negando, adormeciendo, o alejándonos del dolor. Vivimos en una cultura que nos dice constantemente que ¡el dolor debe ser evitado a toda costa! Aquí es cuando es mortal "seguir la corriente," porque no hay salud espiritual ni personal sin aceptar el dolor bueno. ¡El sabio sabe cuándo debe aceptar el dolor. El ignorante huye ante su nombre!

Jesús recibió una experiencia más "reveladora" en su bautismo. En su momento de gracia se dio cuenta a dónde había sido llamado, quién lo llamaba y por qué necesitaba comprometerse a sí mismo en el camino que lo conduciría hasta Él.

La "experiencia en el desierto" fue realmente un anticipo de lo que le esperaba: ¡demonios! No tenemos que ser muy literales aquí. Los "demonios" pueden ser aquellas voces que oímos en nuestra cabeza que nos dicen "¡retrocede!," "¡tómalo con calma!," "¡sé cómodo!" y "¡no sé!" ¡Tan pronto Jesús hizo su compromiso para seguir su camino, los "demonios" entraron en acción! El Evangelio nos cuenta que Jesús "arrojó demonios." Jesús caminó directamente a través de la misma muerte para clamar victoria. "Siguiendo sus pasos" y enfrentando demonios también triunfaremos sobre ellos. Tras cada victoria, hay una "nueva vida" esperándonos.

¿Cómo "entrar" en este proceso de transformación? Poniéndolo de la manera más simple, debemos cambiar la manera cómo vemos las cosas. Debemos pasar por una cirugía óptica radical. Debemos cambiar radicalmente la manera cómo interpretamos las cosas que nos pasan. Debemos mirar los mismos eventos con otros ojos.

El punto de partida para el crecimiento espiritual puede ser cualquier cosa que sacuda nuestro mundo personal: un infarto, un divorcio, una muerte, un enfermedad grave, una cirugía delicada o la pérdida súbita de empleo. El punto de partida puede ser también un evento no planeado: un nuevo libro, un curso de educación para adultos, nuevos amigos, o incluso, quizá, una canción emotiva o una excelente homilía. No hay mucha diferencia si el evento fue auto iniciado, circunstancial o al que fuimos forzados. Lo que cuenta es nuestra actitud hacia la experiencia. Si aceptamos la experiencia, es posible el crecimiento; si la rechazamos, algo de nosotros se marchitará. Estos eventos pueden ser tomados como piedras que vienen a estrellarse contra las ventanas de nuestras vidas. Los mensajes que traen pueden tomarse como "¡Oportunidades que llaman a nuestra puerta!" Lo más importante es mantenerse dando respuestas positivas a cada invitación.

Hay numerosas maneras de responder a las "piedras" que vienen a estrellarse en nuestras vidas. Algunas personas responden a sus "eventos de cambio" con curiosidad infantil. Esta es la respuesta por la que Jesús aboga: "Yo os aseguro: el que no reciba el Reino de Dios como niño, no entrará en él." (Lucas 18:17)

Durante años he visto a individuos que responden de esta manera. Ellas son las viudas que se dan una buena llorada, y luego, valientemente, se disponen a empezar una nueva vida; son los amputados que se obligan a sí mismos a competir en el mundo de los deportes; son los millones de miembros de AA que celebran su sobriedad. Un día una "piedra" se estrella contra su mundo, y de alguna forma sienten la chispa del coraje necesario para decir "sí" a la invitación de cambiar y enfrentan los "demonios" que tratan de disuadirlos.

Otra manera de responder a tales eventos cruciales es correr. Los que así responden frecuentemente son personas que tienen miedo de dejar algunos de sus viejos hábitos preferidos, tienen miedo de perder el control, tienen miedo de revisar sus mapas de la realidad, miedo de todo el trabajo que requiere un verdadero cambio en ellos. En lugar de concentrar su energía a la búsqueda de oportunidades dentro de esta nueva situación, los que huyen de ellas desperdician su energía en resistir esta realidad indeseada. Piensan "Sí esto no me gusta mucho, quizá pase." Esto son los individuos que van por la vida reescribiendo su impresionante lista de razones para no ser felices: "Si esto no hubiera pasado...," "Si no fuera por fulano o fulana...," "Si no fuera por la época en la que vivimos...," o "¡Soy una víctima de las circunstancias!"

Un ejemplo final de la manera como muchos individuos responden a tales eventos de cambio es la duda. Algunos individuos dudan porque están preocupados sobre cómo reaccionarán las personas importantes de su vida si realmente ellos empiezan a cambiar.

Algunas veces esta duda y falta de curiosidad se usan como defensa. Por mucho que nos guste quejarnos, con frecuencia realmente no queremos que muchas cosas cambien: "¿Qué pasaría si me comprometiera a seguir una disciplina muy exigente? ¿Qué pasaría si averiguo que lo que realmente quiero en la vida es radicalmente diferente a lo que tengo? ¿Qué pasaría si quedo "atrapado" en algo, empiezo a vivir experiencias nuevas y raras, o peor aún, qué tal si me gustan?"

Nosotros tememos y ansiamos ser nosotros mismos, ser como realmente somos. En algún punto del evento de cambio todos tenemos que tomar una decisión. Podemos decir "no," o podemos decir "sí." Aquellos de nosotros que tenemos dudas podemos decir "no" y salir del proceso en cualquier momento. Pero si decimos "sí," entonces las cosas nunca serán igual. Estamos en el proceso de convertirnos en personas diferentes.

Todos hemos tenido muchas veces estas "piedras" que vienen a estrellarse en nuestras vidas, las reconozcamos o no. Estos eventos pueden ser extremadamente dolorosos, incluso trágicos; pueden ser alucinantes o ser experiencias "eureka." ¿Cómo respondimos a ellos y cómo les respondemos ahora? Si estamos listos para la aventura de transformación personal y espiritual, entonces tenemos que agarrarnos de la primera oportunidad y ver a dónde nos lleva. Necesitamos poner verdadera pasión en nuestra búsqueda. Podemos convertirnos en una persona diferente todas las veces que queramos, dependiendo de ¡cuánto coraje podamos reunir y cúanta atención podamos poner!

LA PARTIDA

Dada el 7 de Marzo de 1993

Yavé dijo a Abram: "Deja tu país, a los de tu raza y a la familia de tu padre, y anda a la tierra que yo te mostraré. Partió Abram, tal como se lo había dicho Yavé, y Lot se fue también con él. Abram tenía setenta y cinco años de edad cuando salió..."

Génesis 12:1, 4

Era casi esta misma época del año cuando, hace varios años, el Arzobispo Kelly me llamó aparte durante una reunión de sacerdotes y me soltó las siguientes palabras: "¡Quiero que vayas a la Catedral y hagas algo con ella! Tienes una semana o dos para pensarlo."

¡Hablando de una "piedra" que se estrella contra la ventana de nuestra vida! Yo era un feliz pastor de campo de aproximadamente 150 familias. Llevaba allí tan sólo tres años de lo que se suponía iba a ser una asignación de 10. Estaba cómodo y era apreciado. La gente era fabulosa. ¡Era pan comido!

La invitación me tomó completamente fuera de guardia y me dejó atónito. Inmediatamente mi mente se inundó de un parloteo negativo: "¿Por qué dejar mi pequeña y cómoda parroquia en el campo por otra que es históricamente prominente y sin vida en el centro de Louisville?" La Catedral contaba tan sólo con un puñado de feligreses, muchos problemas y poquísimo dinero. ¿Qué se podría hacer realísticamente con ella además de celebrar misas? ¡Las expectativas son irreales! ¡Diré que "no!"

Al mismo tiempo que ocurría ese escandaloso y negativo parloteo mental había una vocesita en mi subconciente que se mantenía diciéndome "inténtalo," ya que quizá yo podría hacer algo. Sabía entonces que si no decía "sí" lo lamentaría toda la vida, porque siempre me hubiera preguntado qué hubiera pasado. Decidí escuchar a la vocesita en vez del escandaloso parloteo de mi mente. Después de transcurridos unos pocos días, le escribí al Arzobispo diciéndole que "sí."

¡Cuando llegué aquí, estaba entusiasmado! Tenía dos pastores asociados y una invitación grabada, del mismísimo Arzobispo, que me decía que fuera tan creativo como quisiera. Mi entusiasmo, sin embargo, no duró mucho. Al terminar mi primer año estaba tan frustrado que le escribí una carta presentándole mi renuncia. La parroquia era tan pequeña que sólo contaba con los turistas para poder pagar las cuentas. Todas mis ideas necesitaban nuevos ingresos. El único dinero que tenía la Catedral estaba en una cuenta de ahorros protegida, y la Cancillería tenía tanto miedo de que gastáramos rápidamente nuestros ahorros que estaba reacia a dárnoslos.

En la respuesta demorada de la Cancillería a mi carta, finalmente nos dio el dinero para que pudiéramos invertir en algunos programas nuevos, especialmente en música y liturgia. Como las Catedrales tienen una misión para toda la comunidad, no solamente para la parroquia y la diócesis, se creó años después la *Cathedral Heritage Foundation* (Fundación de la Herencia de la Catedral) fundación interreligiosa como otra respuesta a mi petición de ayuda para la formidable tarea de revitalizar la Catedral como un centro espiritual para toda la comunidad. La Catedral empezó a crecer gradualmente. La *Cathedral Heritage Foundation* tuvo éxito. ¡Todo parecía encajar! Todos los años de experimentación y exploración estaban dando resultados.

Sí. Hemos tenido algunos contratiempos y frustraciones. Sin embargo, es necesario destituir las ideas viejas para que nazca algo nuevo que traerá a nuestro proyecto mayor renovación. ¡Puedo percibir un sueño hecho realidad! Pienso que lo vamos a lograr, si aguantamos un poco más. Tendremos nuestra congregación revitalizada y nuestras instalaciones restauradas. Luego, cuando se haya finalizado la renovación de nuestra Catedral, tendremos que desplegar una nueva forma de valentía e imaginación, si la vamos a usar bien y vamos a cultivar su potencial como un centro de alimento espiritual para toda la comunidad. ¡Para mí toda esta aventura ha sido un proceso de transformación personal, espiritual, y un proceso comunal de crecimiento que hemos compartido como parroquia!

La linda historia de la llamada de Abraham de nuestra primera lectura de hoy es perfecta para el asunto a tratar hoy. A la edad de 75 años, una "piedra" se estrelló contra la vida de Abraham. Él y Sara estaban cómodamente jubilados, ¡casi con un pie en la tumba! ¿Pueden escuchar lo que pasaba por la cabeza de Abraham?: "¿Quieres que yo sea padre por primera vez, ahora? ¿Quieres que yo me mude ahora? ¡Debo estar loco por siquiera pensar en esto! ¿Qué tipo de viejo loco diría sí a algo como esto?" Siendo un hombre de fe, Abraham le dijo "sí" a Dios: "¡Sara, haz la maleta, cómpráte ropa de maternidad, ponte tus zapatos para caminar y sígueme!"

El Evangelio de hoy nos presenta otra historia perfecta de transformación espiritual. Yo la llamo "un fugaz vistazo a la gloria." Jesús les da a sus discípulos un anticipo, una prueba, un vistazo de la gloria que viene. Al igual que la mayoría de los individuos que están en las etapas iniciales de trans-formación, que tienen un primer vistazo de lo que viene, Pedro quizo embotellarlo. "¡Jey, esto está tan bueno, quedémonos aquí para siempre!" Pero los discípulos tuvieron sólo un fugaz vistazo. Para ir de "aquí" a "allá" tendrían que descender hasta el valle de la muerte y subir otra vez. Jesús tuvo la intención de que este vistazo los sostuviera durante los tiempos difíciles del viaje que les esperaba.

Podríamos llamar a la segunda etapa de la transformación espiritual y personal la etapa de la exploración. Después de decir "sí" al evento de cambio que nos ofrece una invitación a crecer y cambiar, nos disponemos (con recelo o entusiamo) a pasar a la fase exploratoria. Habiendo percibido que se puede encontrar algo importante, dejamos una costa y zarpamos a otra. Sin resistir más el proceso de lucha, nuestras mentes valientemente se abren para recibir algo nuevo. Una mente abierta es esencial antes de que algo pueda cambiar. Con esta nueva actitud abierta, empieza la aventura de transformación.

En la fase exploratoria de crecimiento espiritual, el bus-cador más tarde o más temprano tiene un vistazo del mundo futuro y, gustándole el vistazo, se siente como un niño en una tienda de dulces. Al igual que Pedro en el Evangelio de hoy, queremos que este anticipo sea permanente. El vistazo inicial, el primer éxito, es tan poderoso que empieza un período de "búsqueda insistente." Por una parte experimentan regocijo. No les parece tener suficiente de la nueva técnica, maestro o programa. Mantienen su búsqueda para repetir la poderosa experiencia inicial. Por otra parte, se sienten solos. En esta fase pueden convertirse en evangelistas insoportables, forzados a contarle a todo el mundo su recién descubierta panacea para toda enfermedad.

Ustedes conocen estas personas, aquellos que se marchan a algún monasterio, ermita o programa, tienen experiencias carismáticas, regresan a casa a reclutar sin misericordia nuevos candidatos para la experiencia (entre sus visitas regulares y de regreso) y terminan considerando "irse del todo," ¡todo en un período de seis meses! Frecuentemente este es un período de "insoportable certeza" que tiene detrás un ansia de que otros validen la experiencia. Este es Pedro el Pescador, alardeando un minuto y dudando en el siguiente.

Si los individuos no se queman durante esta etapa, o vuelven locos a los demás, están listos para avanzar más. Lo esencial en esta etapa es no rendirse, sino graduarse. Graduarse es pasar de un punto de vista personal a un punto de vista general. Se dan cuenta de que ningún sistema único sirve para todos, y entonces se concentran en su camino y dejan que los demás encuentren su propia manera. Desde tal punto de vista, podemos al mismo tiempo apreciar no solamente nuestro punto de vista, sino también muchos puntos de vista de los demás.

Voy a resumir las etapas de transformación espiritual personal que he presentado hasta ahora. En la primera etapa se te ofrece un evento de cambio. Miras el evento de cambio y, o rechazas su invitación a crecer y cambiar, o decides aceptar la oportunidad que se te presenta. Si lo haces, pasas a la segunda etapa: el tiempo de exploración. En esta etapa, tienes con frecuencia experiencias conmovedoras muy fuertes, mediante las cuales tienes un vistazo de lo que todavía está por venir. Estas experiencias pueden ser casi narcóticas, "enloqueciéndote" un poquito, pero están bien. Son parte del proceso. Si tienes paciencia contigo mismo y te das cuenta de lo que se tratan, son tan sólo un ejemplo, no te desesperarás cuando no sean permanentes, y te darás cuenta de que todavía queda mucho trabajo pendiente. Estás listo para pasar a otra fase: La integración.

La historia de de la transfiguración de los Evangelios es muy útil para aquellos que están en la segunda etapa de la transformación espiritual personal. Esta les reafirma que hay un lugar para estas intensas experiencias religiosas y de crecimiento personal, a pesar de que ellos saben que no pueden estar en la cima para siempre; tienen que descender otra vez. Entonces, en primer lugar ¿por qué preocuparse? Porque lo que está arriba sabe lo que está abajo, pero lo que está abajo no sabe lo que está arriba. Uno trepa, y desciende, no ve más, pero sabe que ha conocido un "nuevo lugar" para quedarse.

En el período de transformación de la Catedral frecuentemente hemos tenido vistazos de lo que todavía está por venir, como cuando se terminó de construir el espacio comunal del piso de abajo, o cuando se terminó la ventana panorámica de la iglesia; pero entre estos vistazos hay mucho trabajo pesado y sucio por hacer antes de que hagamos nuestro sueño realidad. Estás experiencias de la cima de la montaña nos mantienen durante los tiempos difíciles. Podemos vivir por lo poco que hemos visto.

VALIDACIÓN

Dada el 14 de Marzo de 1993

"Ya no creemos por lo que tú has contado. Nosotros mismos lo hemos escuchado y sabemos que éste es verdaderamente el Salvador del mundo."

Juan 4:42

¡Mira cómo está este lugar! ¡Polvo! ¡La pared descascarada! ¡Basura! ¡Fealdad por todas partes!

La semana pasada estaba mirando viejas fotografías y encontré una tomada el año pasado del interior de la iglesia. Lucía tan ordenada y limpia, y decorada con buen gusto. Recordé algunas de las celebraciones majestuosas, meticulosamente planeadas, que solíamos tener hace algunos meses. Mientras estaba sentado mirando unas fotos, sentía la nariz como una bolsa de aspiradora repleta de todo el polvo que teníamos, especialmente entre semana. Por un minuto o dos sentí esa sensación de no haber querido empezar ésto nunca.

Me sorprendí y me sonreí, porque me di cuenta que estaba dudando, y que ese tipo de pensamientos es parte integral de cualquier proceso de transformación. ¡Aparecieron en el momento preciso! Pero también sé que durante esta parte del proceso de transformación, la nueva apariencia empieza a mostrarse a sí misma, aún entre el polvo. De hecho, he estado parado ahora en un pedazo del futuro por un par de semanas. Esa no es una plataforma temporal. Esa es la punta del armazón de los nuevos peldaños del altar y la plataforma. Al igual que el azafrán que se asoma entre la nieve, la nueva catedral emergerá de entre todo este desorden.

El mapa perfecto para las transformaciones espirituales y personales se encuentra, por supuesto, en nuestra primera lectura del Libro del Éxodo. En esta historia, "el pueblo de Dios" se encuentra esclavizado en un país extranjero. Eso somos nosotros cuando la vida no funciona. Moisés les propone guiarlos a la "Tierra Prometida" a una nueva forma de vivir. Moisés es el símbolo de la "piedra de la oportunidad" que viene a estrellarse en nuestras vidas. El pueblo de Dios decidió seguir a Moises y aceptó la invitación de cambiarse a un nuevo estilo de vida. Pero al igual que les ocurre a todos los que que están pasando por un proceso de transformación, su entusiasmo se convirtió en desesperanza poco después de haber empezado el viaje. De repente, la vida anterior empezó a verse bien en comparación con las molestias del mundo "intermedio," simbolizado por el desierto.

Al igual que todos los que pasan por un proceso de transformación, los seguidores de Moisés empezaron a arrepentirse primero por haber "partido." De cuando en cuando en el camino hacia la Tierra Prometida algunas golosinas de esperanza aparecían por algún lado: un poco de agua, un pan de sabor raro, e incluso algunas codornices. Continuaron marchando, a pesar del desierto, sólo para darse cuenta un día que de repente las cosas se pusieron un poquito más verdes cada día. Luego, finalmente, ¡lo lograron! "¡Ah Tierra!" ¿No la ves, siempre tan imperceptible, allá en el horizonte? Finalmente pasaron a la nueva vida con la que solían soñar.

Esto es lo que se debe esperar en toda transformación personal y espiritual. Los pasos son tan ciertos como que la primavera sigue al invierno. ¡Es la forma como funciona!

Tienes la oportunidad de cambiar, es una invitación a crecer. Si te rehusas a tolerar tu propia resistencia y más bien aceptas esta oportunidad, dolorosa o placentera, entras en el proceso. Partes optimista de que podrás alcanzar el éxito ascendiendo en el camino. Entras en el proceso impulsado por la seguridad en ti mismo.

Sin haber estado demasiado tiempo en el proceso, los "demonios" saltan alrededor de tu cabeza o en tu camino para frustrar tus planes y hacerte zancadilla. Tratan de hacer que pierdas de vista tu meta o te convencen de que has caído en una situación desesperada. Aquí precisamente es donde todos nos hundimos o nadamos en el proceso de transformación. ¡Sin agallas no hay gloria! Solamente porque las cosas no han resultado como planeas no quiere decir que debas rendirte. Esto simplemente te arrastra hacia tu fuerza creativa, para encontrar una alternativa para lograr tu meta. La frustración es un componente necesario de cualquier proceso de transformación. No cometas el error de rendirte en tus aspiraciones si encuentras lo que parece ser un impase. Lo verdaderamente importante es tu respuesta a este impase imaginario.

Muchos se salen del proceso en este punto. Este era el motivo de las quejas de nuestra primera lectura: ¡Quieren regresar! "¿Por qué nos hiciste salir de Egipto?" "¿Fue para dejarnos morir aquí de sed?" "Al menos antes teníamos mucho que comer." Si esperas y enfrentas tales situaciones, y te mantienes firme, empezarás a ver soluciones que nunca antes habías imaginado. Cuando atravesamos el proceso de transformación personal y espiritual, todos nosotros nos encontramos, en algún punto, en el lugar de los Israelitas. Desafortunadamente, tendremos que pasar por varios episodios de estos durante esta fase. Esta es la etapa marcada con la disonancia, los conflictos agudos, la oscilación y las pruebas.

Habiendo vencido las tentaciones de rendirse, retroceder y renunciar, se abre otro paso en el proceso. ¡El abrirse paso y las reflexiones empiezan a reventar como las palomitas de maíz! Pueden venir con un sobresalto de asombro o un simple y callado conocimiento. Antes de que te des cuenta, empiezas realmente a ser la nueva persona que decidiste ser. Este es un período de nueva fortaleza y seguridad. Este es el paso siguiente después de todos los desastres, percances y frustraciones. Esto es lo que vamos a ver emergiendo del polvo y la destrucción a nuestro alrededor. Una nueva fortaleza y seguridad vendrán con tanta certeza como la primavera después del invierno. Así funciona, bien si estás transformando un edificio, o a ti mismo. La crisis nerviosa que estamos experimentando es la señal más segura de que el abrirse paso es inminente. El dolor no es un buen motivo para salir del proceso, es el mejor motivo para mantenerse. El dolor y el caos no deben llegar de sorpresa en una transformación como esta. De hecho, deben esperarse, debemos incluirlos en nuestros planes.

Habiendo sobrevivido a uno de estos viajes, terminarás de vuelta empezando de cero, disfrutando tu triunfo, viviendo en tu nuevo mundo o siendo una nueva persona. Y después de que hayas sobrevivido un par de estos viajes, podrás darte cuenta de que ya no necesitas apoyarte en "el programa," en "el gurú" o en el "líder." Ya no necesitarás confiar en ellos. Sabrás por ti mismo que este proceso funciona, y confiarás en él lo suficientemente como para aplicarlo en otras áreas de tu vida. Empezarás confiando en tu propio "gurú" interno. Necesitarás menos y menos validación externa. Serás como la gente de Samaria del Evangelio de hoy, quienes dijeron. "Ya no creemos en él por lo que tú nos dijiste, sino porque nosotros mismos le hemos oído y estamos convencidos de que éste es verdade-ramente el Salvador del mundo."

Una vez que hayas pasado algunas veces por el proceso, empezarás a entender cómo funciona, y sabrás que cada vez que apliques el proceso en algún área de tu vida que no esté funcionando o que quieras cambiar, inevitablemente pasarás por un período inquietante de desilusión, que te tirarán temporalmente a un pozo sin fondo. Habrás aprendido a esperarlo, y sabrás cómo manejarlo, dándote cuenta de que la victoria también es inevitable. En este instante me vienen a la mente las palabras del Profeta Habaquc: "Porque la visión tardará en cumplirse, pero camina hacia su fin y no fallará; aunque parezca tardar, espérala, pues se cumplirá en su momento." (Habaquc 2:3.)

Habiendo descubierto cómo funciona la transformación, y habiendo dominado el proceso, estarás listo finalmente para empezar a "tirar piedras hacia tu propia ventana." Estarás listo para inducir tu propio dolor de parto para crecer y partir en un viaje tras otro. En vez de estar impulsado para acumular más y más beneficios materiales para ti, tu verdadero amor y pasión en la vida será adentrarte más y más dentro de tu ser. Así habrás encontrado la "perla de más valor," la "puerta estrecha" y el tipo de "riqueza" que las "polillas no pueden devorar, el óxido no puede corroer, ni los ladrones pueden robar."

REPETICIÓN

Dada el 21 de Marzo de 1993

"¿Así que también nosotros somos ciegos?" Jesús les contestó: "Si fuerais ciegos, no tendríais pecado. Pero vosotros decís: 'Vemos,' y esa es la prueba de vuestro pecado."

Juan 9:40, 41

No puedo recordar "el momento en que empecé a creer," pero siento que he entregado mi alma y mi corazón a la religión desde que puedo recordar. Todavía puedo recordar claramente el trabajo que me costó memorizar el Padrenuestro y el Avemaría cuando tenía 6 años de edad. Cuando tenía 7 años tuve la idea de ser sacerdote. Ingresé al seminario a los 14 y me ordené a los 26. Tenía 31 años cuando empecé a ser párroco de mi primera iglesia, y 37 cuando cuando fui párroco de la Catedral. Pareciera que he entregado mi alma y mi corazón a la religión durante toda mi vida.

A pesar de que no cambio mi vocación por nada, estoy bien consciente de que no es fácil ser sacerdote en esta época. He visto a la mayoría de mis compañeros de seminario abandonar el sacerdocio. Me he sentido avergonzado por la constante cadena de escándalos de mis hermanos sacerdotes, mientras que me doy cuenta de que "sigo por la gracia de Dios." He gastado toneladas de energía tratando de curar el daño que la religión institucional ha causado a algunas personas, mientras me estremezco al pensar que una metedura de pata mía podría provocar "que pierdan su fe."

He trabajado con una sola mano para buscar un lugar para los rechazados y los marginados de nuestra Iglesia, mientras que con la otra he curado mis propias heridas y he evitado perder la calma para evitar una crisis personal. Continúo dando mensajes de esperanza a las personas que están a un paso de perderla, mientras lucho contra el impulso de rendirme yo mismo. Por experiencia sé que se necesita un tipo especial de valentía para permanecer hoy día en la religión organizada. Cuando tengo un mal día, tengo la tentación de creer que quedan dos clases de gente en la Iglesia: los que se duermen profundamente y los que tienen una santidad heroica. "Pues caminamos a la luz de la fe y no en lo que vemos." (2 Corintios 5:7)

Me duele mucho ver que la Iglesia que he amado toda mi vida sufre tanto trauma. Pero gústenos o no, lo viejo está muriendo ante nuestros ojos. Esto ha llevado a mucha gente a concluir, erróneamente, que la religión está muriendo.

Como respuesta, los conservadores están tratando de arrastrarnos otra vez a "la vida lasciva de Egipto" que ellos suponen eran los "buenos viejos tiempos." Los "conservadores" están aprendiendo que aquellos que tratan de preservar su vida la pierden aún más. Despotricar sobre cómo deben ser oídos tiene menos efecto. Ven que la respuesta es la "conformidad," obediencia a la autoridad. Incluso piensan que pueden ser obedecidos simplemente por así exigirlo.

Los "liberales" tampoco son de mucha ayuda, porque creen que la solución está en hacer más "reformas," en reorganizar las formas religiosas. La iconoclastia, destrucción negligente de los símbolos religiosos, es con frecuencia la única agenda de algunos religionistas "liberales."

Tanto conservadores como liberales están ahora abrumados por la desmoralización, porque ninguno de ellos capta la idea. Ambos están obsesionados con las posiciones externas. La religión no está muriendo, se mueve dentro de las personas, y es difícil seguirle la pista con encuestas que miden los patrones externos de comportamiento de la religión. Por esta misma razón, estoy extremadamente ilusionado y optimista.

Tanto conservadores como liberales no captan la idea, porque lo que está mal no puede arreglarse desde afuera. Ambos han olvidado que el auténtico mensaje cristiano pide, antes que todo, un cambio de corazón, un cambio interior radical del individuo. La obediencia a la autoridad y la reforma estructural no son un medio, sino ¡un resultado de la transformación! Las acciones siguen a los cambios de corazón de las personas. La mayoría de las autoridades religiosas y líderes políticos todavía no lo han entendido. La interiorización de la religión no puede ser ni legislada ni exigida.

Esta serie de charlas ha tratado sobre cómo arreglar las cosas desde el interior no al contrario. Esta "ceguera," resultado de concentrarse en cambiar las cosas "externas," es lo que nos mantiene regodeándonos en la desesperación y la inefectividad. ¡Precisamente esta "ceguera" es a la que Jesús nos invita a curarnos! La vida no se desenrolla de afuera hacia dentro, sino de dentro hacia fuera. Cuando hacemos esta transición en nuestra manera de pensar estamos listos para hacer milagros dentro de nosotros y para nuestro mundo. Estas charlas han sido sobre cómo cambiar nuestras vidas y nuestro mundo desde nuestro interior, han sido sobre transformación. Ninguna iglesia, ni familia, ni país, son lo suficientemente fuertes cuando sus miembros son débiles. La transformación, el cambio interior de los individuos, es nuestra única esperanza de una vida y un mundo mejor. Lo hemos intentado todo.

En estas charlas he descrito un proceso interior. Cuando miramos nuestro interior descubrimos los asombrosos poderes espirituales de la mente, del corazón y del cuerpo; descubrimos que Dios simplemente no está "ahí afuera" en algún lugar, sino con nosotros, aquí y ahora. ÉL es esa presencia "pues en él vivimos, nos movemos y existimos." (Hechos 1:7-28). Es desde nuestro interior, donde mora Dios, y es desde ahí que se nos llama a la transformación. Creo que este "ponte a pensar" es lo que Jesús llamó *metanoia* (conversión).

Repasemos una vez más este proceso de transformación. Primero está "el evento de cambio, evento que describo como la "piedra que viene a estrellarse contra la ventana de nuestras vidas," invitándonos a cambiar y a crecer. Este evento de cambio puede ser la muerte de una persona amada, un divorcio, un cambio de empleo, tocar fondo en una adicción, un nuevo amigo o un nuevo libro. Puede ser doloroso o placentero.

Estos eventos pueden ser impuestos, circunstanciales o auto iniciados. Lo único que importa aquí es nuestra reacción a dichos eventos. Si aceptamos la experiencia de cambio, empezamos un proceso de transformación. Si nos resistimos, nos uniremos a las masas de aquellos que prefieren no crecer por el bien de su seguridad y comodidad, aquellos que se suicidan personal y espiritualmente. Sin embargo, una vez comprometidos en el proceso de transformación, debemos pasar por una crisis dolorosa. Si tenemos una paciente resistencia, a esta crisis le sigue un gran avance. Finalmente, llegaremos a "la Tierra Prometida." Seremos nuevas personas, viviremos la nueva vida con la que solíamos soñar.

Quienes han sobrevivido unas cuantas veces al proceso de transformación ya no necesitan confiar en las experiencias religiosas presentadas de los demás porque ellos ya las conocen por sí mismos. Han tenido sus propias experiencias religiosas. Están listos para aplicar lo aprendido en muchas áreas de sus vidas. Una vez que están convencidos de la efectividad de comprometerse con el proceso y dominarlo, están listos para ser co-creadores de sus vidas.

Quizás estas personas maduras espiritualmente conocieron su primera prueba de transformación aceptando algo que les había ocurrido a ellos, pero ahora están listos para inducir sus propios dolores de parto para crecer. En vez de esperar a que les ocurran eventos de cambio, están listos para "tirar piedras a su propia ventana." Cuando llegan a este punto, son capaces de actuar valientemente por su cuenta. Se dan cuenta de que no pueden evitar ser felices. Al creer en su propio poder y fortaleza, pueden decidirse a empezar el viaje de transformación de un héroe. Al creer en el poder y la fortaleza concedidos por su propio Dios, saben que el coraje de enfrentar una pérdida, transición o rechazo va a estar ahí a medida que ellos derriban las barreras alrededor de quiénes son ellos, qué pueden hacer y qué es posible. Miran las estrellas una noche, y se dan cuenta de que hay otro mundo dentro de ellos que es igual de vasto, un mundo interior que pueden explorar.

Algunos en nuestra comunidad que todavía creen que la gente cambia por *conformarse* o *reformarse* siempre han odiado el hecho de que "recibamos a todos" aquí en la Catedral. Quieren oir desde este púlpito más sobre condenar comportamientos, leyes y obediencia a la autoridad. Yo opté por predicar el método de la "conversión de Jesús mediante la invitación." Creo que el mundo solamente puede ser cambiado desde adentro, desde nuestro interior.

En estas charlas he querido compartir con ustedes lo que he descubierto: el poder de la transformación personal y espiritual. Prefiero ser un guía en vez de un juez. No se puede imponer la transformación a aquellos que no estén listos para ella, pero puede hacerse disponible para aquellos que estén hambrientos de ella. No voy a desanimarme porque esta serie de charlas no han cambiado el mundo. Estoy emocionado por el hecho de que algunas de estas semillas ya han germinado en algunos de ustedes. Ya he empezado a recibir informes positivos. Me doy cuenta de que no tengo control sobre los resultados. ¡Estos son entre tú y Dios! ¡Mi trabajo es simplemente plantar las semillas!

PASIÓN POR
EL OFICIO PASTORAL

Una Vocación dentro de la Vocación

… Pero había en mi corazón algo así como fuego ardiente…

Jeremías 20:9

La idea de escribir este capítulo en realidad surgió de mi propia experiencia como nuevo párroco, cuando me nombraron cinco años después de mi ordenación, algo inusual en 1975. Me asignaron dos condados y me encomendaron empezar dos parroquias misioneras católicas romanas en un área donde nunca habían existido parroquias católicas.

Yo estaba preparado para ser un párroco asociado urbano, pero no estaba preparado para ser párroco por primera vez, vivir solo o empezar una parroquia, especialmente en las "misiones domésticas." Apenas si sabía lo que significaba la palabra "evangelización," mucho menos cómo la llevaban a cabo los católicos. Tampoco estaba preparado para los oficios pastorales que siguieron en una parroquia rural muy bien establecida y en una catedral del centro de la ciudad.

Con poca ayuda, apoyo y orientación disponibles para mí, decidí aprender solo. Decidí que iba a buscar la ayuda que necesitaba y que aprendería por mí mismo, de ser necesario, para convertirme en el mejor párroco que pudiera haber. Decidí desarrollar "una pasión por el oficio pastoral" y ver hasta dónde llegaba. Según lo aprendí más adelante de los expertos, ser autodidacta es la clave para desarrollar las habilidades del liderazgo. El Papa Juan Pablo II lo expresó de la siguiente manera: cualquier formación, inclusive la formación sacerdotal, es al fin y al cabo auto-formación.

Creo que cualquier sacerdote que tenga "pasión por el oficio pastoral" aprovechará cualquier posible oportunidad

101

para aprender lo que sea necesario para ser un párroco efectivo.

A la luz de eso, voy a decir algunas palabras sobre la "pasión por el oficio pastoral" de la que he estado hablando, porque ser pastor es, en cierto modo, una vocación dentro de la vocación.

Los sacerdotes que forman parte de un presbiterado son llamados del laicado, viven entre los laicos, para fortalecer a los laicos en su sacerdocio bautismal. Los sacerdotes no son sacerdotes en forma individual, sino que son sacerdotes que sirven a la misión de la Iglesia en un presbiterado en unión con el obispo. Todos los sacerdotes llevan a cabo el ministerio del obispo. Desde este cuerpo sacerdotal, la Iglesia llama a ciertos sacerdotes para que sean párrocos. A diferencia de los párrocos asociados que ayudan al párroco a ejercer su ministerio, el párroco tiene obligaciones especiales para preservar el bien común de la comunidad, al igual que el bien de sus miembros en forma individual. El párroco es responsable de la unidad de su rebaño, no solamente del bienestar de sus ovejas en forma individual.

Como tal, el párroco necesita pasar de un punto de vista personal hacia uno general, para que no solamente pueda apreciar su propio punto de vista, sino los diversos puntos de vista de la comunidad. La Congregación para el Clero ha aclarado que los sacerdotes no se pueden poner a sí mismos al servicio de una ideología o facción humana. Los párrocos son los principales ministros de la comunión de la comunidad, algo muy necesario en nuestra gravemente dividida Iglesia. A diferencia de los seminaristas, o inclusive del párroco asociado, el párroco no se da el lujo de tener un punto de vista, sino que necesita mantener la unidad en diversos y legítimos puntos de vista.

El sacerdote tiene como deber principal predicar el Evangelio, a la vez que presidir la celebración de los sacramentos y orientar a la comunidad, pero como párroco el sacerdote tiene la tarea adicional de supervisar la predicación y los ministerios sacramentales de la parroquia, al igual que los ministerios de liderazgo de la misma. Como párroco de nuestra Catedral usé una fórmula simple que funcionó bien. Promoví la creatividad dentro de ciertos límites. El párroco tiene la responsabilidad de fijar los límites de la creatividad, para que los locos no se tomen el asilo.

El ser párroco hoy en día requiere una actitud empresarial, imaginación, perspectiva y enfoque. Como lo mencioné antes, no estaba preparado cuando me convertí en párroco, cinco años después de mi ordenación, y en ese momento tampoco existían programas disponibles para prepararme para ello. En aquellos días, los sacerdotes aprendían a ser pastores observando, como párrocos asociados, durante 15 a 20 años, a una serie de pastores temporales. Mi situación de aquel entonces es la norma de hoy. Los sacerdotes jóvenes se están convirtiendo en corto tiempo en párrocos de múltiples parroquias sin un extenso internado, ni programas vigentes que los entrenen y apoyen.

A falta de aquellas series usuales de párrocos-mentores temporales, o programas de cómo-ser-un-pastor, decidí pasar hambre y sed para ser un buen párroco. Decidí no esperar a ser rescatado por la diócesis, ni incluso buscar a quien culpar en la Cancillería. Me resolví a encontrar una solución por mí mismo. Saltando obstáculos y usando la imaginación, me comprometí a mí mismo a ser el mejor párroco.

Incluso aún, recurrí a los Protestantes para pedirles ayuda y apoyo financiero. Obtuve un Doctorado sobre Pastoral con la concentración en "revitalización de parroquias" y logré que la Iglesia Presbiteriana lo pagara con base en dos razones: ¡religión minoritaria y bajos ingresos! Para ser párroco, hoy en día, se necesita, con frecuencia, ese tipo de determinación e imaginación.

Incluso los "programas para nuevos pastores" no pueden tener éxito a menos que atraigan sacerdotes jóvenes que tengan pasión por el oficio pastoral. Cualquier clase de formación permanente de este tipo es responsabilidad individual del sacerdote. De ser necesario, debe re inventarse a sí mismo, auto motivarse y auto rescatarse. Debe armarse de determinación, imaginación y creatividad, y hacer acopio de valor. Debe ansiar con toda su alma ser "el buen pastor," un pastor efectivo. "Querer es poder."

El ser párroco requiere destrezas especiales. Desafortunadamente, estas no son infundidas en la ordenación. Se ganan mediante la intención deliberada, la concentración, la educación, la reflexión y la práctica.

La "pasión por el oficio pastoral" es finalmente un don espiritual que se puede pedir, recibir y cultivar mediante la oración. Dios nunca llama a los hombres a que sean directores espirituales sin darles también la habilidad para serlo. Al igual que Salomón pidió en oración todo lo que hiciera falta para ser un buen rey, aquellos que son llamados por Dios para ser párrocos obtendrán lo que piden. Al igual que Gedeón oró para saber cómo podía hacer para cumplir con lo que Dios le había pedido, se nos ha dicho que Dios estará con nosotros si lo buscamos, llamamos, y pedimos lo que necesitamos para ser buenos pastores. Mediante la oración, se nos concederá esta gracia. También es una buena sugerencia pedirle a la gente que ore por nosotros, sus pastores. La dirección espiritual del párroco depende de ello.

Hay dos palabras en griego para "bueno:" *agathos* y *kalos*. En el texto del Evangelio sobre "el buen pastor," *agathos* no se usa en el sentido de "moralmente bueno." La palabra que se usa ahí es *kalos*, con el significado de "bueno en." Jesús, el Buen Pastor, no solamente es moralmente bueno, sino que es especialmente bueno en el oficio pastoral. Como la persona que actúa *in persona Christi*, tú también has sido llamado no sólo para que seas bueno, sino para que también seas bueno como pastor.

Por otra parte, el párroco que actúa *in persona Christi*, ciertamente ha sido llamado a la santidad. El Padre Howard Bleichner hace la siguiente gran observación: "¡Qué tan diferente es una persona santa que parece transparente en presencia de Dios! ¿Hay algún recipiente sacramental más adecuado: la custodia con la presencia de Dios, o una personalidad humana imbuída con el amor de Dios? ¿Hay algo más fascinante, más justificante en la existencia de la Iglesia que una sola persona a quien la santidad de la vida santa le ha encontrado un hogar?"[65]

Sin embargo, dicha bondad personal y santidad no son suficientes. Un párroco también es llamado para ser "bueno en el oficio pastoral." Necesita ser "bueno en" predicar la Palabra, "bueno en" presidir los sacramentos y "bueno en" guiar a la comunidad. El Concilio Vatiano II les dijo a los obispos: "Tenga en cuenta el Obispo, cuando trate de formarse el juicio sobre la idoneidad de un sacerdote para el régimen de alguna parroquia, no sólo su doctrina, sino también la piedad, el celo apostólico y demás dotes y cualidades que se requieren para cumplir debidamente con el cuidado de las almas."[66]

Las habilidades de un párroco incluyen destrezas en la comunicación y en la administración. Los párrocos necesitan sabiduría práctica para aplicar los reglamentos generales a las situaciones particulares. Necesitan estar presentes y disponibles para su pueblo. "Yo soy el Buen Pastor; y conozco mis ovejas y ellas me conocen a mí. (Juan 10:14). Los párrocos necesitan tener un sentido de la integridad. Necesitan transparencia espiritual, o una espiritualidad evidente que los habilite para ser los testigos inequívocos de los santos misterios que ellos proclaman y celebran.

Un párroco también dirige, guía, administra y gobierna la parroquia como un sistema, una comunidad. Los Obispos de los Estados Unidos explicaron claramente estas destrezas con gran detalle en su *Plan Básico para la Formación Permanente de Sacerdotes*. "Una necesidad apremiante de un nuevo párroco es adquirir el "saber-cómo" (the know-how)" de ser y funcionar como pastor. A menudo, ello está vinculado con asuntos muy específicos, por ejemplo, la función gerencial del oficio pastoral. Los párrocos deben aprender en algún contexto, conocimientos básicos de gestión financiera, manejo fundamental del personal, resolución de conflictos, organización de reuniones, organización y comunicación de la comunidad y el control de la labor de los voluntarios. Los párrocos deben familiarizarse con las normas canónicas, los reglamentos diocesanos y todas aquellas reglamentaciones legales que tengan que ver con la vida parroquial, como por ejemplo la legislación laboral. Finalmente, los nuevos pastores deben descubrir maneras de conocer y comprender la comunidad en que sirven: demografía, cultura, economía y realidades políticas."[67]

El párroco de hoy día, entonces, necesita no solamente ser una persona santa, sino también poseer un conjunto de destrezas singulares si quiere ser efectivo. Debe ser "bueno" y "bueno en lo que hace."

El ser nombrado párroco no significa tener un nuevo empleo o adquirir un título de fantasía u honor personal, es el comienzo de una gran aventura espiritual en la cual no solamente aprende a ser pastor, sino a ser lo suficientemente centrado espiritualmente. El nombramiento como pastor lo propulsa a un nuevo desarrollo y crecimiento. El momento de comenzar el primer oficio pastoral es el momento de la formación permanente en toda su dimensión. El nombramiento al oficio pastoral intensifica el reto de integrar quién es el sacerdote y qué hace como sacerdote. Las palabras de Pablo a los presbíteros de Efeso son un simple bosquejo del oficio pastoral, "Tened cuidado de vosotros y de toda la grey, en medio de la cual os ha puesto el Espíritu Santo como vigilantes para pastorear la Iglesia de Dios, que él se adquirió con la sangre de su propio hijo..." (Hechos 20:28).

El Padre Bleichner hace otra observación importante en su libro. Él dice que, debido al poco tiempo entre la ordenación y el primer oficio pastoral, el entrenamiento en las habilidades para ser pastor deben empezar en el seminario. Los seminarios deben esforzarse, casi desde el comienzo, por entrenar hombres no únicamente como sacerdotes, sino también como pastores.[68]

Esto se traduce en una nueva forma de ver la conexión vital e intacta entre la formación inicial del seminario y la formación permanente después del seminario. Los seminarios no preparan a los jóvenes para ser párrocos al igual que las facultades de medicina no preparan a los médicos para ser cirujanos. A falta de tales programas coherentes ya establecidos, el futuro pastor de forma individual (al menos en el futuro a corto plazo) necesita asumir la responsabilidad y el compromiso personal de su propia educación con toda la pasión que pueda sentir.

El título de "párroco" no es suficiente para convertir a un sacerdote en líder. Los líderes designados son personas que tienen títulos y trajes de líderes, pero no necesariamente la atracción y cualidades de un verdadero líder. Cuando esta atracción y habilidades no existen, los líderes designados, que no son verdaderos líderes, eventualmente tienen que apelar patéticamente a su estatus. Las ovejas reconocen la voz del que es "bueno en el oficio pastoral." Los líderes verdaderos ofrecen algo más que su posición. No necesitan confiar únicamente en sus títulos y vestiduras. La mejor situación hipotética es cuando los líderes designados son verdaderos líderes, personas reconocidas como líderes con cualidades obvias para guiar a su rebaño al siempre creciente discipulado.

¿Qué es en esencia un buen oficio pastoral? ¿Es sencillamente una buena gestión administrativa? ¡Ciertamente no! El pueblo urgente y claramente quiere sacerdotes que superen situaciones de riñas y preocupaciones intra-eclesiales internas de la Iglesia. Quieren esencia y esperanza. Quieren a Jesucristo y la salvación en un mundo marcado por el pecado, la división, la violencia y la muerte. Imploran a los sacerdotes "Muéstranos a Jesús. Danos pan. Tócanos y cúranos. Perdónanos y renuévanos." Quieren sacerdotes que sean directores espiri-tuales con un corazón para el pueblo de Dios. Nuestra capacidad de respuesta dependerá en gran medida de nuestra preparación para servir de esta manera, y de la formación que nos **mantenga** preparándonos para servir de esta forma.

El párroco con mayor opción de tener éxito en la dirección espiritual es aquel que guía no solamente señalando el camino, sino habiendo él mismo recorrido el camino. El Pueblo de Dios quiere seguir a un "mártir," un "testigo," alquien que "haga lo que dice."

Los párrocos que son directores espirituales no son solamente policías religiosos. Cuando un párroco exige obediencia de otro, es un tirano. Pero cuando, mediante el tacto y la simpatía, la compasión y la oración, la inspiración y la sabiduría puede influenciar e iluminar a otros para alterar su curso y perseguir el camino espiritual, él es un director espiritual.

Los párrocos que son directores espirituales trabajan en sí mismos, descubriendo y corrigiendo sus debilidades, y descubriendo y cultivando sus puntos fuertes. En resumen, los directores espirituales siempre están trabajando para aumentar su habilidad de influir en los demás.

Los párrocos que son directores espirituales no pueden producir cambios en sí mismos; sólo el Espíritu Santo puede hacerlo. La transformación no puede ser enseñada, pero puede ser modelada y estimulada. Los párrocos como directores espirituales pueden, y deben, esforzarse por ser conductores efectivos del Espíritu Santo y merecerlo. Son catalizadores de la química de la vida espiritual.

Los párrocos que son directores espirituales no culpan a sus seguidores cuando no hacen lo que deben hacer. En cambio, trabajan para mejorar su habilidad para influir en los demás. Ellos perfeccionan sus destrezas y continúan intentándolo. Muchos párrocos, deficientes en el oficio pastoral, dejan sus parroquias, culpando a sus feligreses de sus propios fracasos.

Los párrocos que son directores espirituales pueden influir no solamente en los fieles de la Iglesia, sino en todas las personas. Los párrocos son líderes de la Iglesia y también de la comunidad civil en general.

Los párrocos que son directores espirituales usan la compasión y el amor, nunca la rabia y la desesperación. Una señal segura de fracaso en la dirección espiritual de un párroco es cuando mira hacia atrás y se da cuenta de que nadie lo está siguiendo.

Los párrocos que son directores espirituales creen tanto en el valor intrínseco de lo que hacen que se mantienen activos sin importar los resultados. Como dijo la Madre Teresa de Calcuta: "Dios no me eligió para tener éxito, sino para ser fiel."

Los párrocos que son directores espirituales tienen integridad y transparencia, saben que ellos no pueden lograr una meta noble usando medios innobles. Los párrocos como directores espirituales tienen vidas privadas, pero no dobles vidas. Las dobles vidas agotan la energía que se puede usar en las tareas que están al alcance de la mano. Como lo dice el rito de ordenación de los diáconos, ellos son los heraldos del evangelio que "creen lo que leen, enseñan lo que creen y practican lo que enseñan." Ellos no pueden servir a dos amos a la vez.

Los párrocos que son directores espirituales no demonizan a sus adversarios. Para ellos es sensato, sabio y prudente, considerar puntos de vista alternativos, porque usualmente la semilla de la verdad está incluso en lo que afirman los enemigos. Lo que estos últimos afirman siempre es un punto ciego para el párroco. En esta clase de franqueza es donde ocurre el crecimiento.

Los párrocos que son directores espirituales guían por el bien de los demás, no por su propia satisfacción o beneficio. El Catecismo de la Iglesia Católica (No. 1534)[69] dice que el sacerdocio hace a los sacerdotes santos al servir a los demás. Los párrocos que son directores espirituales saben que dando es como reciben. Un gran director espiritual siempre sabe que recibe más de lo que da.

Los párrocos que son directores espirituales no se aíslan del dolor del mundo, pues saben que "compasión" quiere decir "sufrir con." Los párrocos son llamados del laicado, viven entre los laicos, para fortalecer a los laicos. A medida que ellos experimentan el dolor de aquellos a quienes sirven, tienen mayor capacidad de convertirse en mejores vehículos de transformación.

Los párrocos que son directores espirituales confían en la fe profunda y en la promesa divina de la victoria sobre el pecado y la oscuridad. Ellos saben que el reino vendrá, de todas maneras, y que está creciendo como la semilla de mostaza o la levadura en la masa, independientemente de su habilidad o inhabilidad.

En resumen, los párrocos que son directores espirituales exaltan, inspiran y llaman: exaltan la visión de las personas hacia Dios, inspiran a las personas para que se conviertan en mejores discípulos y llaman a las personas para que se conviertan en lo que Dios las ha llamado a ser.

PRUDENCIA PASTORAL AL LLEGAR A UNA NUEVA PARROQUIA

Quita las sandalias de tus pies, porque el lugar en que estás es tierra sagrada.

Éxodo 3:5

No todos los sacerdotes saben cómo llegar y empezar bien en una parroquia. "Los necios corren allí donde los ángeles no se atreven ni a pisar."[70] Algunos sacerdotes recién ordenados, al igual que algunos nuevos párrocos, en su "celo de principiantes" y en su ansiedad por usar todo lo que han aprendido ingresan a las parroquias como toro en tienda de loza. Todavía recuerdo cómo me sentí de avergonzado cuando se refirieron a mí como "el petulante" en un artículo de nuestro periódico diocesano cuando estaba a punto de ser ordenado. La petulancia es la incapacidad de discernir sobre las propias acciones que rayan en la arrogancia." Es una característica perenne, demasiado común entre los sacerdotes recién ordenados y los párrocos inexpertos.

En su misión impetuosa de arreglar lo que está mal, algunos sacerdotes usan el hacha para quitar las moscas de la frente de la gente. Al igual que los "segadores" bien intencionados de la parábola de la cizaña que creen que pueden separar la cizaña del trigo y están más que dispuestos a "ponerse a trabajar" sólo para descubrir, demasiado tarde, que han sido mal encaminados. Algunas veces su audacia engreída es simplemente una tontería, pero otras veces causan un daño irreparable a las personas y pierden años de buena voluntad que podrían haberlos hecho más efectivos más pronto. Muchos sacerdotes, nuevos en las parroquias, entran en shock, sorprendidos y desilusionados, cuando descubren que su cuello clerical por sí solo no es suficiente para que puedan continuar con sus labores diarias cuando los feligreses no están de acuerdo con ellos, y además tienen ideas propias.

La primera regla al llegar a una parroquia es esta: Es *su* parroquia, no la *tuya*. Dado que es suelo *santo*, el sacerdote se debe descalzar. Debe detenerse, mirar y escuchar. Antes de empezar a juzgar, estereotipar y tratar de "arreglar" a las personas, el sacerdote necesita dejar que estas le cuenten quiénes son, de dónde vienen, cómo se sienten respecto de sí mismas y qué pasa con sus vidas. Es necesario hacer esto sin juzgarlas, sólo escuchándolas y entendiéndolas. Si se hace de esta manera, empezará a nacer la confianza y más tarde, y sólo *más tarde*, empezarán a escuchar.

La gente escucha de verdad sólo cuando puede identificarse de alguna manera con la persona que está hablando. De lo contrario, no hay verdadera comunicación. Esta identificación es absolutamente esencial para que nazca la confianza y la credibilidad. Si las personas no pueden identificarse con el sacerdote, entonces no le tienen credibilidad ni confianza, sin importar cuánto crea él que tiene que dar.

¿Quiénes son estas personas? El párroco está ante la presencia de gente de todos los niveles concebibles de fe. Él celebra con gente que ha entregado sus vidas al servicio de sus cónyuges, hijos, vecinos y compañeros feligreses. Él ve gente que ha vivido a los sobresaltos del amor durante años y gente llena de asombro y emoción del amor fresco y joven. Él se relaciona con gente pobre y gente rica, con los acomodados y los rechazados. Es observado por los que tienen prestigio como por los rechazados. Se encuentra con fieles que han sido protegidos por la Iglesia y personas que han sido heridas por la Iglesia. Pero, principalmente, él tiene gente que ha sido golpeada por las incertidumbres de la vida, enfermedades, sufrimientos, muerte, separación, pérdida, rechazo, soledad y enajenación. Y si él realmente es *sabio* y no únicamente *inteligente*, sabrá que no puede ver los corazones y no podrá juzgar por las apariencias, sacando conclusiones a la ligera sobre aquellos a quienes él conoce muy, pero muy poco.

Después de 37 años de sacerdocio, uno empieza a notar lo que funciona y lo que no funciona. En ningún orden en particular, ofrezco una corta lista de actitudes que los sacerdotes deben llevar en su ministerio desde el primer día.

AMA LO QUE TENGAS

Rara vez los sacerdotes obtienen exactamente lo que quieren en sus asignaciones. Por lo tanto, es importante que aprendan a querer lo que tengan. En general, una parroquia particular puede ser asignada a un sacerdote, es su opción hacerla suya de una manera consciente. En todas las parroquias, pero especialmente en las parroquias rurales y con dificultades, el sacerdote necesita decirles a sus feligreses, con regularidad, que está feliz por la suerte y honra que tiene de ser su sacerdote.

Una de las prácticas mas efectivas donde quiera que he sido asignado es saludar a los feligreses, llueva o truene, en la puerta de la iglesia después de misa todos los domingos. Esta ha sido la práctica pastoral más efectiva.

Otra práctica es volver una costumbre personal reafirmar regularmente a los feligreses en mis homilías. El sacerdote no puede hacerlo hasta que no lo sienta. Si no lo siente, entonces debe cambiar su corazón. Las personas saben por instinto si son apreciadas o no. Si saben que el sacerdote las ama, lo escucharán y lo seguirán. De lo contrario sus palabras caerán en oídos sordos.

PON ATENCIÓN A LOS INDIVIDUOS

Una de las primeras cosas que se omiten los párrocos y los párrocos asociados, sumamente ocupados y extralimitados, es el toque personal, esa atención individual que la gente necesita y a la cual responde tan positivamente. En una parroquia muy pequeña es relativamente fácil saber qué está pasando entre los feligreses, mientras que en una parroquia enorme, es casi imposible.

Una de las ideas más efectivas que se me ocurrió para mantener un toque personal en una parroquia grande fue reclutar un voluntario para que me ayudara a poner atención a los feligreses en forma individual. El trabajo de este voluntario era repasar rápidamente el periódico, las actas del comité, los boletines informativos de la escuela y otras fuentes de información de nuestros feligreses. Su tarea era escribir borradores de cartas y tarjetas de agradecimiento, duelo o felicitación para que yo las firmara. Siendo él mis ojos y oídos me ayudó a poner atención a aquellos para quienes fui enviado a servir. Era tan efectivo que parecía "mágico."

Los sacerdotes tienen fama de que no devuelven las llamadas, no hacen seguimiento a las solicitudes o no agradecen los regalos. De ser necesario se podría reclutar a alguien para que se encargue de estas tareas; no hay excusa para dejar de hacerlas.

DI LA VERDAD CON AMOR

Lo que las parroquias necesitan desesperadamente hoy en día son sacerdotes que sean constructores de puentes, pacificadores, reconciliadores y mediadores de la unidad. Los sacerdotes necesitan ser capaces de tratar constructivamente con la diversidad, el pluralismo, la complejidad, la ambigüedad, la división y la polarización. Aquellos que ejercen el liderazgo en la Iglesia son llamados a ser los ministros de la comunión que sana. La Iglesia necesita, especialmente hoy, sacerdotes cuyas palabras sanen en vez de herir, y que se expresen con sensibilidad por la dignidad y el valor de todas las personas. La civilización, como lo dijo un sacerdote, no es tan solo una virtud civil. La Iglesia de hoy necesita mucha civilización y la necesita con urgencia más que todo entre sus feligreses.

Aunque la política de animar y afirmar debe ser prioritaria para los párrocos, hay momentos en que el párroco enfrenta retos, especialmente cuando el bien común está amenazado por algunos. Aunque dichos retos no son fáciles o populares, realmente es algo bueno que se debe hacer. El secreto es hablar sin rabia, falsos juicios o recriminación. "El buen pastor" "dice la verdad con amor."

El estilo de liderazgo de los sacerdotes debe ser de servicio. Deben ser siervos del Pueblo de Dios, y deben ser responsables de lo que han sido o pueden llegar a ser. El les sirve inspirando el liderazgo y los ministerios de coordinación. El "hacerlos responsables" debe ser hecho con amor y paciencia, nunca con ira o maldad.

PERMITE DEJA QUE LOS FELIGRESES SEAN LOS MAESTROS

Algunas veces los sacerdotes dan la idea de que ellos son los únicos que tienen algo que dar o enseñar. Siendo el sacerdote el principal "coordinador de carismas" en la parroquia, debe reconocer y afirmar los muchos y diversos dones dentro de la comunidad. Lo sacerdotes necesitan estár dispuestos a ser estudiantes al igual que profesores. Los sacerdotes no son los únicos de la Iglesia que tienen algo que dar.

Las personas se hacen dueñas de la misión de la parroquia cuando su talento, dones y experiencia son requeridos y usados. Para ello, el sacerdote debe entender que su rol es habilitar a los demás para servir en vez de ser servidos. El sacerdocio no es una institución que existe junto o por encima de los laicos. El sacerdocio de obispos y sacerdotes, al igual que el ministerio de los diáconos, es "para" los laicos, y justamente por esa razón posee un carácter ministerial, es decir uno "de servicio."

RESPETA SU HISTORIA

Cada sacerdote es un héroe para alguien. Sin importar qué desastroso le pueda parecer al sacerdote, o a otros, el párroco anterior o sus asociados, el nuevo parroco necesita hablar con respeto de ellos y de sus obras, y hacerles saber a las personas desde el principio que él ha venido a construir sobre el buen

115

trabajo de sus predecesores, no a ser su "salvador." Pueden llegar a esa conclusión, si ellos quieren, *después* de que él parta.

CONCLUSIÓN

Según mi experiencia, si un sacerdote entra a una parroquia dando amor, honor y respeto por las personas que sirve, ellos en retorno lo amarán, honrarán y respetarán. "Con la vara que midas serás medido" (Lucas 6:38). Si el sacerdote ama, honra y respeta a sus feligreses y a su historia, ellos le profesarán el mismo amor, honor y respeto. De hecho, le devolverán "una medida buena, apretada, remecida, rebosante pondrán en el delantal de vuestros vestidos." (Lucas 6:38)

Los católicos todavía quieren y respetan sus sacerdotes, pero hoy en día, ese amor y respeto es un regalo que se puede perder.

PRUDENCIA PASTORAL AL SALIR DE UNA PARROQUIA

Grande es el arte de empezar, pero mayor es el arte de terminar.

Henry Wadsworth Longfellow

Una falla común que tienen los directores espirituales es no reconocer cuándo renunciar. Es mejor dejarlos con nostalgia que hastiados. Es mejor salir en un desfile que en una protesta.

En muchas diócesis hay límites de tiempo de servicio tanto para los párrocos como para los párrocos asociados Estas políticas fueron adoptadas porque anteriormente un párroco podía pasar toda su vida en una parroquia. Con frecuecia esto era bueno para el sacerdote, pero malo para los feligreses. Sin embargo, fijar límites al tiempo de servicio de los sacerdotes no eliminó las maneras creativas para prolongar su tiempo de servicio. Algunos sacerdotes tratan de crear situaciones para alargar su estadía, mientras que otros se entrometen después de que han partido. Ambos son síntomas de la incapacidad para dejar que las cosas lleguen a su fin.

Se necesitan líderes con mucha integridad y espiritualidad para que reconozcan cuándo han hecho su contribución de mayor valor y, gentilmente, pasen las riendas a otro. Algunas veces la energía proveniente de la parroquia envía un mensaje claro. Los hechos hablan por sí solos. Es patético ver sacerdotes que habiendo hecho grandes obras en años anteriores, se niegan tercamente a partir y dejan pasar mucho tiempo después de que han dejado de ser efectivos, y terminan deshaciendo mucho de su propio trabajo. Hay un arte espiritual en saber cuando ha terminado nuestro tiempo.

Otra falla común de los directores espirituales es que no invierten mucho tiempo, o hacen poco esfuerzo, en preparar a su congregación para su partida.

La gente no le teme al cambio, le teme a las pérdidas. Nada puede ser más desilusionante tanto para los sacerdotes como para los feligreses que un cambio inesperado en la dirección parroquial. La resistencia al cambio proviene del miedo a lo desconocido o de sufrir una pérdida. No se ha prestado la debida atención a estos sentimientos de miedo, especialmente en las congregaciones católicas en las que se informa muy poco sobre quién viene, quién sale o cuánto tiempo permanecerá. El grado de resistencia de un individuo está determinado por su percepción del cambio como bueno o malo, y qué tan severo sea el impacto del cambio en los individuos.

Manejar el cambio significa inevitablemente manejar el miedo. Este es un último ministerio pastoral muy importante que los sacerdotes hacen por su gente. Un sacerdote que es "bueno para el oficio pastoral" trata no solamente su propio miedo y resistencia, sino también el miedo y la resistencia de su congregación cuando se trata de la partida de un párroco. Con cuidado y fe, él puede "guiarlos paso a paso."

Más adelante he incluido una serie de homilías que di cuando estaba en el proceso de transición de salida de la Catedral de la Asunción en Louisville, Kentucky, después de catorce años de servicio. La parroquia había crecido de ciento diez individuos registrados a más de dos mil trescientos. Acabábamos de terminar una restauración de veintidós millones de dólares. Me habían dicho que podía quedarme hasta que yo quisiera. Yo sabía de corazón que había dado todo lo que había podido, así que "induje el parto." En realidad, presenté mi renuncia. Fue traumático para ellos y para mí, por lo que decidí explicarles en detalle, comparando nuestra transición con la transición de la Iglesia antigua después de la muerte y resurrección de Jesús. Es una serie de homilías sobre la importancia de aceptar los cambios que son necesarios. Después de estas homilías, unas semanas más tarde, di una homilía de "despedida."

"EL RETO AL CAMBIO"

PARTE I: *"Mirando el Pasado, Mirando el Futuro"*

Pero Dios dio cumplimiento a lo que había anunciado.

Hechos de los Apóstoles 3:18

Desde que anuncié que dejaría la Catedral este junio, he estado muy ansioso emocionalmente. Una parte de mí quiere seguir con lo viejo y conocido. Una parte de mí está ansioso por aceptar lo desconocido, de recibir lo que vendrá. En un minuto mi mente repasa algún momento de los últimos catorce años, y en el siguiente mi mente está imaginando ideas para mi nuevo trabajo. Un día pienso en todas las cosas que echaré de menos, y al día siguiente pienso en las nuevas oportunidades que estoy a punto de encontrar. Una parte de mí quiere quedarse; una parte de mí quiere irse. Tengo miedo de irme; tengo miedo al futuro.

Esta ha sido mi casa, y ustedes han sido mi familia, durante los últimos catorce años. Dejarlos a ustedes y a este bello lugar y empezar de nuevo a los 53 años es un poco traumático para mí. Con un pie en un mundo y el otro en otro mundo, me encuentro mirando el pasado y el futuro. Aun sabiendo que es a largo plazo, me siento como si estuviera siendo arrancado de mis raíces. Aunque quedan varias semanas para acostumbrarme a la idea, sé que lo peor está por venir. Sé que cuando todo haya terminado y se hayan hecho las despedidas, ¡probablemente cerraré la puerta y me pondré a llorar!

A medida que pasamos por esto juntos, pensé que aprovecharía la oportunidad de que estaré predicando en todas las Misas del fin de semana durante el próximo mes para reflexionar sobre el reto del cambio. EL objetivo de esta serie de homilías de cuatro semanas será de extraer conocimiento o sabiduría sobre el cambio en las lecturas del tiempo pascual. Estas lecturas nos hablan sobre los cambios monumentales y

119

dolorosos que sufrió la Iglesia antigua a medida que creció y se extendió después de la Resurrección. Creo que tienen mucho que enseñarnos cuando experimentamos cambios.

Una de las cosas que sobresalen en las lecturas de hoy es el hecho de que los discípulos estaban entre dos mundos: uno *con* Jesús y el otro *sin* Jesús. Durante cuarenta días Jesús aparecía un minuto y desaparecía en el siguiente. Ellos miraban el *pasado* y miraban el *futuro*. Hablaban del pasado y del futuro. Pedro le dice a su audiencia: "El Dios de Abraham, de Isaac y de Jacob, el Dios de nuestros padres (y madres), ha glorificado a su siervo Jesús... Dios dio cumplimiento de este modo a lo que había anunciado por boca de todos los profetas...." (cf. Hechos 3:13-21). Jesús les recuerda a sus discípulos: "Estas son aquellas palabras mías que os hablé cuando todavía estaba con vosotros: "Es necesario que se cumpla todo lo que está escrito en la Ley de Moisés, en los Profetas y en los Salmos acerca de mí." (Lucas 24:44). Es obvio que ellos lucharon para poner en perspectiva todos los cambios que los acechaban.

Jesús y sus discípulos se convirtieron en un grupo muy unido durante los tres años y medio que estuvieron juntos. Odiaron que estos momentos llegaran a un fin. ¡Lo odiaron! Pedro lo expresó bastante bien en la "historia de la transfiguración." "Levantemos tres tiendas y permanezcamos aquí juntos para siempre." En otras palabras, "congelemos este momento en que estamos juntos y permanezcamos aquí para siempre." Jesús los tranquiliza con su don de paz. Les infunde el Espíritu Santo, les dice que ellos van a hacer cosas aún más maravillosas de las que él ha hecho hasta ahora y les promete estar siempre con ellos. Aún después de dos mil años, la Iglesia todavía está aquí, la Iglesia todavía lleva a cabo el trabajo de Jesús bajo el poder del Espíritu Santo, y la Iglesia todavía está cambiando, todavía está luchando en dejar atrás el pasado y recibir el futuro. Y así será hasta el final de los días. La Iglesia no es un museo en donde todo está congelado en el tiempo y todo está preservado en cajas donde no entra el polvo. Está viva. Y está viva porque siempre se renueva en su pasado. Como lo dijo San Pablo: "Una persona planta, otra riega, mas es Dios quien da el crecimiento."

Todos ustedes, los que están hoy aquí, probablemente han pasado, están pasando o van a pasar por cambios dolorosos similares. Algunos de ustedes, padres de familia, "entregarán" a sus hijos en la ceremonia del matrimonio, y saben de corazón que la relación con ellos nunca será igual. La manera antigua de tratarse con ellos nunca será la misma, morirá mientras nace una nueva relación. La mayoría de las veces, aunque necesario, también es doloroso. Algunos de ustedes han acompañado, o tendrán que acompañar a su cónyuge hasta el altar para "entregarlo" en su funeral. Ustede saben de corazón que las cosas nunca serán igual. Una antigua forma de vivir morirá, a la vez que una nueva forma de vivir nacerá. La mayoría de las veces, aún cuando es necesario, también es doloroso. Algunos de ustedes han sido,o van a ser llevados a los tribunales para enfrentar un divorcio. Sientes que tu vida no será la misma. Una antigua forma de vivir morirá, a la vez que una nueva forma de vivir nacerá. Te guste o no, es doloroso. Algunos de ustedes serán llamados a la oficina principal y les darán su carta de despido o aviso de terminación laboral. Una antigua forma de vivir morirá, aún antes de que nazca una nueva. Te guste o no, va a ser doloroso, y tendrás que enfrentarlo. Algunos de ustedes serán llevados a un asilo de ancianos, venderán sus casas y dejarán una vieja manera de vivir. Te guste o no, tendrás que aceptarlo, y será doloroso. Los ejemplos pueden ser interminables, bien sea la jubilación, el final de una relación, un diagnóstico de una enfermedad terminal. La pregunta, entonces, no es si las cosas tienen que cambiar, sino cómo manejar esos cambios inevitables.

Los cambios, se acepten o no, siempre son un reto. Aquellos que se han ganado la lotería dicen que aún ese evento trae trastornos y confusión. Cuando enfrentamos el cambio, lo aceptemos o no, tenemos dos alternativas. Podemos pelear contra él y negarlo, o podemos aceptarlo y explorarlo. La negación de los cambios que son necesarios, a pesar de ser humana y natural, impone un terrible precio, hace perder el tiempo y finalmente no funciona. Se gasta mucha energía cuando se evita o se niega el cambio indeseado. Conserva y usa esa energía para aceptar ese cambio, y observa cómo te revela algo más que es bello y vivificante. Realmente es cuestión de actitud. Jesús nos lo enseñó cuando se enfrentó a su cruz. Él estuvo tentado a tratar de evitarla, buscar una alternativa, pero al escoger alcanzarla y abrazarla, triunfó sobre ella.

Cuando repaso mi vida, algunos de los más grandes y maravillosos resultados me han sucedido cuando acepté los cambios que parecían desastrosos. Cuando me ordené, fui enviado, contra mi voluntad, a las misiones de nuestra diócesis. Odié la idea. Rogué, lloré e hice pucheros. En un momento de gracia decidí no luchar más contra ésto, más bien lo acepté y exploré para ver a dónde me llevaría. ¡Gracias a Dios por esa decisión llena de gracia! Marcó la diferencia entre diez años miserables y los diez años más llenos de crecimiento personal que he experimentado hasta ahora en mi vida. En 1983, yo era párroco de una pequeña y cómoda parroquia campestre. El Arzobipo Kelly me pidió que hiciera un cambio, a pesar de que yo llevaba allí tres años y medio solamente. Él quería que yo dejara mi cómodo nido y me encargara de esta parroquia moribunda y malograda. Mi primer impulso fue decir "no," pero en un momento lleno de gracia vencí mi temor y dije "sí." Gracias a Dios por esa decisión llena de gracia. ¡Me hubiera perdido de todas las cosas maravillosas que han pasado aquí durante los últimos catorce años! Y ahora estamos enfrentados a otro cambio, un cambio que habíamos podido aplazar durante otros meses o quizá un año, pero que tendríamos que haber afrontado tarde o temprano: un nuevo párroco para esta parroquia. A pesar de lo doloroso que va a ser, creo con todo mi corazón y mi experiencia que aceptando este cambio necesario abriremos posibilidades para ambos: Yo como Director Vocacional puedo tratar de hacer algo por la escasez de sacerdotes, y su nuevo párroco puede llevar a otro nivel de vida lo que hemos construido juntos.

A medida que miramos hacia el pasado, sea éste la Catedral, la infancia de tus hijos, un matrimonio que se termina por divorcio o muerte, un empleo o una relación que termina, enfrentemos nuestros miedos, aceptemos los hechos, lloremos un poquito si tenemos que hacerlo y, finalmente, abramos nuestro corazón a algo nuevo de Dios. Sí, puede que lo mejor esté todavía por venir, si podemos creer en ello y proceder como si fuera cierto hasta que se convierta en realidad.

EL RETO AL CAMBIO

PARTE II: *"Pastores Clonados"*

El buen pastor da su vida por las ovejas. Pero al asalariado, que no es pastor, no le importan nada las ovejas.

Juan 10:11-13

Una feligresa me preguntó recientemente "¿Padre, de qué es de lo que esta más orgulloso al salir de la Catedral: La bella renovación de la iglesia, la creación de la Fundación de la Herencia de la Catedral (*Cathedral Heritage Foundation*), la colección de homilías que publicó, el inmenso aumento del número de fieles?" A pesar de lo orgulloso que me siento de todas estas cosas, le contesté: ninguna de estas cosas es de lo que estoy más orgulloso. Estas cosas, son obvias y visibles a la vista. De lo que estoy más orgulloso es invisible, inmensurable y ha tenido lugar en los corazones de la gente. De lo que estoy más orgulloso es el hecho de que un número importante de ustedes me ha dicho que ha sentido, por primera vez en su vida, que finalmente, su religión ha empezado a ser reavivada, real, emocionante y personal, y que ustedes han dado crédito a mi predicación por ser la catalizadora de lo que está sucediendo. De esto es de lo que me siento más orgulloso. Siempre he pensado que ese el objeto del "sacerdote" en el mejor sentido de la palabra, realmente significa: ser el catalizador, el conducto, el canal, el medio, el puente entre Dios y la gente.

Durante los últimos 14 años he sido su "pastor." La palabra "pastor" viene del latín. Tradicionalmente el rol del pastor es vigiliar que las ovejas se alimenten: guiarlas a dónde está el pasto más verde y el agua más pura. El pastor no hace el pasto ni crea el agua, él simplemente sabe dónde están. El rol de las ovejas es comer el pasto y beber el agua cuando el pastor las conduce allí. El pastor no puede hacer eso por ellas. En otras palabras, puedes guiar a tus ovejas a la campiña, ¡pero no puedes hacerlas pacer! Como su "pastor" he trabajado muy duro para ofrecerles el mejor alimento espiritual que puedo desde este púlpito, para enseñarles lo que sé de la vida espiritual y mostrarles cómo pacer en las verdes campiñas de su propia vida espiritual. Nunca les serví "sobras." Y porque supe que no estaría acá para siempre, porque sé que hay escasez de directores espirituales, he tratado deliberadamente de enseñarles cómo alimentarse por sí mismos, cómo encontrar su propia comida espiritual, de ser necesario cómo proseguir sin un pastor y, finalmente, además de pastorearse a sí mismos, cómo ser pastores de otras ovejas hambrientas. Oímos hablar mucho en estos días sobre las ovejas clonadas. Lo que necesitamos aún más, y lo que he tratado de hacer, es clonar pastores: personas que puedan guiar a otras al gozo de estar bien despierto en el viaje espiritual.

Aquellos que han estado aquí por mucho tiempo saben que los he empujado, implorado, suplicado que asuman la responsabilidad de su propio crecimiento personal y espiritual. Siempre he pensado que el mayor elogio que me pueden hacer es que llegue el día en que ya no me necesiten más, o al menos puedan estar sin mí. Hay varias señales que nos indican que hemos llegado a esta área, después de un largo, largo camino.

Durante el útimo año o dos, ha habido un movimiento de los cimientos de esta parroquia para unirse a otras para un crecimiento personal y espiritual.

Se han formado varios grupos de apoyo que están luchando: El grupo de apoyo de adultos jóvenes, el grupo de apoyo de adultos de mediana edad, el grupo de jóvenes y un grupo amplio de gente mayor. La semana pasada tuvimos cuatro feligreses más que se graduaron del Programa de Formación de Ministros de la Arquidiócesis. Una vez al mes el grupo grande de ministros laicos del sábado por la noche salen a cenar juntos, para pasarla bien y apoyarse unos a otros. Lo mejor de estos grupos es que, a diferencia de todos los programas más antiguos que fueron programados por el personal de la parroquia, éstos nacieron de ustedes mismos.

El exitoso comienzo de la *Escuela Católica para la Educación y el Crecimiento Espiritual de nuestra Catedral* (*Cathedral School of Catholic Spiritual Growth and Education*), estructura donde personas con hambre y sed espiritual pueden alimentarse intensamente por sí mismos mediante la interacción y la educación, me apasiona mucho. Tenemos ahora un pequeño grupo de matrimonios que son mentores de parejas jóvenes a punto de contraer matrimonio, para compartir su sabiduría y ofrecerles su apoyo. Se está formando otro grupo de voluntarios para encargarse de algunos de los pequeños proyectos de mantenimiento.

Durante años y años les he dado codazos y los he empujado para que se responsabilicen de su vida espiritual y de este lugar. Estoy convencido de que me han escuchado. Me siento orgulloso de que algunas de mis ovejas se han convertido en pastores. Hay otros pastores aquí que saben de qué hablo. Padres de familia, ustedes pasan los mejores años de su vida tratando de que sus hijos sean independienes y puedan caminar solos. Maestros, ustedes pasan años tratando de que sus alumnos progresen más que ustedes y hagan grandes contribuciones al mundo. Cónyuges, el amor dentro del matrimonio saca a relucir toda la bondad de cada uno. Ver que tu cónyuge avanza y florece debe ser la alegría de tu corazón.

Creo que todos nosotros, los pastores, tenemos una meta en común: hacer que aquellos a quienes guiamos puedan continuar haciéndolo sin nosotros, lo que está resumida en esa vieja y trillada máxima: "Dale un pescado a una persona y comerá por un día. Enséñale a pescar y nunca más tendrá hambre." Sabemos que hemos tenido éxito cuando nuestras ovejas ya no nos necesitan más. De esto es de lo que más me siento orgulloso. Hace algunos años los organicé deliberadamente para conducirlos, espiritualmente hablando, a donde había pastos verdes y agua fresca. Muchos de ustedes pueden ahora encontrar alimento espiritual por sí mismos. De hecho, algunos de ustedes están empezando a enseñarles a otros cómo encontrarlo ¿Cómo lo sé? He recibido gran cantidad de cartas de ustedes contándomelo. Voy a terminar esta homilía citando solamente a dos de ellas.

"No sé si puedo estar sin usted, Padre, pero creo que la Catedral sí podrá. Usted la ha vigorizado hasta convertirla en un grupo fuerte, vital e independiente. Ellos cumplirán, lo harán porque usted les dio

las bases sobre las cuales seguir construyendo. Entonces, es el momento ¿verdad? para que usted continúe compartiendo la palabra de Dios con los demás y fomentando las vocaciones."

"Padre, usted también ha estado disponible para mí, conscientemente o no, a través de los sermones y de la congregación que ha agrupado. Nosotros, los que nos sentamos en silencio en los bancos de la iglesia domingo tras domingo, estamos creciendo interiormente. Usted se da cuenta que hemos crecido cuando mira a la congregación. Lo extrañaremos, Padre, pero lo que usted empezó continuará creciendo. La parroquia llena de vida que ha formado florecerá. ¿No podría ser de otra manera con las enseñanzas que nos ha dado, como por ejemplo el amor incondicional de Dios?

Estoy orgulloso de ustedes. De eso es de lo que estoy más orgulloso. Manténganse cómo pastores de sí mismos y manténganse como pastores de unos a otros. Inviten a la gente a que venga. Enséñenles lo que han aprendido. ¡Hagan que el círculo se agrande más y más!

EL RETO AL CAMBIO

PARTE III: "Conexión e Interdependencia"

Yo soy la vid; vosotros los sarmientos. ... porque
separados de mí no podéis hacer nada.

Juan 15:5

El domingo pasado tuve el honor de hablar en una de las reuniones de nuestros "grupos de apoyo de adultos jóvenes," quienes me habían enviado de 12 a 13 preguntas para que yo las contestara; preguntas que iban desde "¿cómo desarrollar una vida espiritual personal?" hasta "¿cómo permanecer fiel a la Iglesia a pesar de tener problemas con ella?." Antes de empezar a contestar las preguntas, noté algo muy interesante en ellas. La mayoría de estas se enfocaba en las necesidades, derechos y libertad individuales. Les señalé que la generación anterior a ellos probablemente hubiera hecho preguntas completamente diferentes; preguntas que se enfocarían en las necesidades, derechos y libertades de la comunidad. Una pregunta no es mejor que otra. Ambas pueden ser llevadas a los extremos. Creo que la "generación yo" era solamente una sobre reacción de la generación anterior que tendía a borrar la individualidad.

He sido parte de ambas generaciones. Al comienzo de mi entrenamiento en el seminario la individualidad era algo que el sistema del seminario trataba de quitarnos. Lo que era bueno para el grupo se valoraba como esencial. La individualidad era desarraigada por el bien de las necesidades del grupo. Al final de mi entrenamiento en el seminario la individualidad era algo que había sido tan exagerado que cualquier clase de reglamentos, uniformidad o estructura casi se convertía en anatema.

Pareciese que una generación tratara de corregir las exageraciones de la anterior cuando se trata de encontrar la armonia entre el bien personal y el bien del grupo. Realmente vi cómo pasaba esto ante mis ojos el domingo pasado por la noche: un cuarto lleno de adultos jóvenes, maduros, hijos de la "generación yo," trabajaban para crear una comunidad pequeña que se apoyara mutuamente. Creo que la situación ha empezado a mejorar. Quizá en este momento, podemos encontrar el equilibrio entre el bien de los individuos y el bien del grupo.

Si la Biblia tuviera algo que decir sobre este asunto, sería algo como: somos individuos, pero también estamos íntimamente conectados a Dios y entre nosotros mismos. Es un mal para nosotros si olvidamos o ignoramos este hecho fundamental. Todo pecado es, de una manera u otra, una negación a este hecho. Inclusive el "pecado original" no fue realmente el comer el fruto prohibido, fue el intento de ignorar el hecho de que Dios, el ser humano y el material-animal están conectados y son interdependientes. Después de este hecho, todos los pecados fueron tan solo una variación del mismo tema: bien si fue Caín negando que él fuera el guardaespaldas de su hermano, Israel negando su alianza con Dios, las guerras religiosas y las injusticias sociales de nuestro mundo moderno, o el comportamiento personal irresponsable a nuestro alrededor que rompe matrimonios, familias y vecindades.

Realmente, la Biblia es el recordatorio de Dios diciéndoles a los seres humanos dónde está su lugar en una delicada relación de interdependencia, y el constante rechazo de los seres humanos de aceptar ese hecho y vivirlo de verdad. El tema "de la vid y sus sarmientos" en el Evangelio de hoy es otro intento de describir la relación especial viva que tenemos con Dios a través de Jesús. Esto nos recuerda que si estamos "conectados," tenemos vida; pero si nos separamos nos marchitamos y morimos. La imagen de San Pablo del Cuerpo de Cristo dice las mismas cosas sobre la familia que llamamos Iglesia. No somos individualmente el Cuerpo de Cristo. Todos nosotros, sin importar cuán insignificantes podamos sentirnos respecto de nosotros mismos, o cuán mal podamos ser tratados por los demás, somos partes interconectadas de un cuerpo. San Juan lo dijo de una manera directa: ¡Quienquiera diga que ama a Dios, sin amar a su prójimo, es un mentiroso!

La interdependencia no es el punto medio entre la dependencia y la independencia. La interdependencia significa una relación activa basada en el respeto mutuo y la responsabilidad compartida por el bien común. Lo opuesto es el egocentrismo. El egocentrismo, como lo expresa su nombre, significa estar enfocado en sí mismo. La atención y el interés están constantemente enfocados en sí mismo. Todos los hechos, esfuerzos y relaciones tienen como propósito principal resaltar o proteger al ser de alguna manera. Ya que nuestras propias necesidades son percibidas y sentidas como más importantes que las necesidades de los demás, la interacción con los demás tiende a ser de autoservicio. El egocentrismo es un ciclo que se auto perpetúa: Entre más nos enfoquemos en nosotros mismos, menos sabremos de los demás. Entre menos sepamos de los demás, menos nos preocuparemos y más nos enfocaremos en nosotros mismos. Ver al mundo a través de un marco de referencia egocéntrico significa que todo lo que hagamos o esperemos hacer es importante solamente si sentimos que ganamos con ello. Cómo afecta a los demás está eclipsado por cómo nos afecta a nosotros. La violenca, el crimen, el abuso infantil, la pobreza, la falta de vivienda, las violaciones, los asesinatos, los matrimonios rápidos y los divorcios fáciles son simplemente frutos de una cultura egocéntrica. Nuestra visión del mundo actual enfocado en sí mismo es tan sólo otro caso severo del "pecado original," la falta de aceptar nuestra relación interdependiente con Dios y con cada uno de nosotros.

Vemos esto en la actitud de muchos católicos hacia sus parroquias. Durante los últimos años, los católicos han dejado de pensar qué pueden hacer por sus parroquias y han empezado a enfocarse en lo que sus parroquias pueden hacer por ellos. Una parroquia independiente es aquella en la que la gente se nutre y a su vez nutre en un ciclo revitalizador, uno basado en la sabiduría de Jesús: "Es dando como tú recibes."

Al dejar de ser su párroco en esta parroquia, tengo un reto para ustedes: Sean responsables, no solamente de su propio crecimiento espiritual, sino de la salud de su parroquia. Si quieren que esta "gallina de los huevos de oro" continúe poniendo "huevos de oro," aliméntenla, cúidenla, nútranla, y ella continuará alimentándolos a ustedes y a quienes estén alrededor de ustedes. Pero, si solamente vienen aquí para pedir, matarán a la "gallina de los huevos de oro" y ésta ya no les proveerá más huevos de oro a ustedes ni a quienes estén alrededor de ustedes. Parece que todos los católicos que conozco buscan una parroquia viva en Espíritu, pero casi siempre quieren que alguien más se las provea. Una parroquia viva en Espíritu es un intrincado sistema de dar y recibir, un balance delicado de interdependencia, una familia en la que se acepte compartir el respeto mutuo y la responsabilidad para el bien común.

Además de cuidarse los unos a los otros ustedes, como Catedral, tienen la misión de servir a los demás por encima de ustedes mismos. Como "Iglesia Madre" de la diócesis, ustedes tienen la responsabilidad especial de servir como guía a las parroquias de la diócesis. Debido a nuestra situación, ustedes tienen la responsabilidad especial de ser el centro espiritual en el corazón del centro de la ciudad, responsa-bilidad que va más allá de los límites católicos romanos. Levanta la vista y mira a tu alrededor. Toma en serio tu misión. Mantén viva y creciente la misión triple que hemos definido durante todos estos años pasados. Atiende las necesidades de los demás. Coopera con la Arquidiócesis. Trabaja en la Fundación de la Herencia de la Catedral. Esta es tu vocación como parroquia. El egocentrismo, el enfoque en sí mismo y el venir solamente para recibir, serán la muerte de esta parroquia. La inter-dependencia, la actitud de dar y recibir, el respeto mutuo y la responsabilidad asegurarán que la parroquia sea una fuente vivicadora por muchos años. En palabras de Jesús, "Gratis lo recibistéis; dadlo gratis." (Mateo 10:8).

Solamente porque estoy partiendo de aquí, como su párroco, no significa que nuestra conexión se rompa. Parte de mí estará siempre aquí y parte de ustedes me llevaré a donde-quiera que vaya. Ahora, abran sus mentes y corazones a los dones que les traerá el Padre Fichteman. Trabajen con él para seguir construyendo sobre la base que empezamos juntos. A ustedes les va a gustar el padre, porque él tiene mucho que ofrecer, talentos que necesitamos para pasar al siguiente nivel. ¡Él es la persona apropiada en el momento apropiado!

"EL RETO AL CAMBIO"

PARTE IV: "La Isla de los Juguetes Perdidos: Revisitada"

> No me habéis elegido vosotros a mí, sino que yo os he
> elegido a vosotros, ... Lo que os mando es que os
> améis los unos a los otros.
>
> Juan 15:16-17

Hace algunas semanas alguien me preguntó si todo el acoso de los manifestantes, los ataques anónimos de la "hojas volantes" y pasquines tenían algo que ver con mi decisión de que era el momento de dejar la Catedral. Sonreí porque nunca había pensado en eso. La respuesta es un rotundo "¡NO!" Me hicieron tener momentos de duda y me hicieron volver a pensar en mi posición, pero siempre terminé convencido más que nunca de que nuestra política de recibir no solamente a los marginados y a las minorías, sino también de llegar a ellos activamente, venía directamente del evangelio. Además, ese tipo de ataques es señal de que estamos haciendo lo correcto. De hecho, entre más brillante sea la luz, peor es el ataque. La respuesta a nuestra invitación ha sido tan buena que me sorprendí. Me sorprendí que los ataques no fueran peores. Las personas a quienes ellos atacaron son una de las principales razones por las que me quedé cuatro años más de lo que me correspondía. Me siento orgulloso de que somos una parroquia en la que los marginados y las minorías se sienten como en casa.

Sí. Considero una divisa de honor ser atacado por tratar de llegar a los marginados y a las minorías. Esta convicción no es algo que me haya venido de algún tipo de agenda social liberal. Mi convicción provino de la lectura del Evangelio y de mi propio viaje espiritual. Crecí con vergüenza. Mi padre me dijo desde el primer día que yo era tonto, incompetente, y que probablemente nunca podría llegar a ser alguien en el futuro. Muchos de mis maestros de religión, que probablemente estarían también avergonzados de sí mismos en algún momento, revisaron la Biblia con lupa por condenar mensajes y construir una religionsita un poco distorsionada alrededor de esos mensajes.

El sistema del seminario menor se basaba en la idea de que uno debe desenterrar todas las debilidades, pecados y defectos de las personas y tratar de pensar en éso día y noche; solo así se puede lograr que las personas cambien. Incluso, en el seminario me dijeron que yo era un caso perdido y que probablemente no debería de ser sacerdote. En realidad, todo esto produjo un efecto contrario. Terminé sintiéndome peor y peor conmigo mismo, y sintiéndome más y más alejado de Dios. Vivía con temor: temor a los demás y temor a Dios.

Aunque hiciera lo mejor que podía, ésto no era nunca suficiente ni para mi padre, ni para algunos de mis maestros del seminario o, como una vez pensé, ni para Dios. El mensaje de todos era: sé perfecto y así te querremos. Como no podía ser perfecto, aunque hiciera mi mejor empeño, lo único que podía hacer para tener paz mental era evitar a mi padre y a Dios por todos sus mensajes condenatorios. Me parecía que cuanto más me condenaban, más me aislaban. La condena nunca me motivó a cambiar, y nunca he conocido a nadie que lo haya hecho, aunque algunos cristianos fariseos crean que su misión es encontrar pecadores para condenarlos.

En algún momento empecé a leer los Evangelios, a leerlos realmente. El Jesús que descubrí ahí era radicalmente diferente al Jesús que me habían enseñado. El Jesús de las Escrituras encontraba pecadores no para condenarlos, sino para amarlos. Jesús transformaba a las personas antes que todo aceptándolas como eran. Él no dijo: "Organícense y luego vengan a mí." Él amó a la oveja perdida tanto, o más, que a las 99 que se quedaron. Él amó al hijo pródigo, tanto, o más, que a su hijo modelo que nunca cometió faltas. Sus amigos íntimos eran personas que habían sido excluidas, aisladas y eran marginadas. Esto causó que los fariseos murmuraran: "Este hombre acepta los pecadores e inclusive come con ellos." El ministerio de Jesús en el evangelio se ha resumido, para mí, en la línea de la Oración de Reconciliación de la Segunda Eucaristía: "Cuando estábamos perdidos y no podíamos encontrar el camino hacia ti, nos amaste más que nunca."

Fui personalmente transformado por este mensaje de amor incondicional de parte de Dios, algo que los mensajes antiguos, condenatorios, obsesionados por el pecado nunca pudieron lograr. Me dieron la base, un punto para empezar a convertirme en una mejor persona. Si, yo sé que puedo cometer errores, pero lo que he descubierto es que no soy SOLAMENTE un gran error. Hay un mundo de diferencia entre ambos. La gente no entendía al Jesús acusado de perdonar el pecado, al igual que nos han acusado por haber recibido "rechazados" en la parroquia.

Este descubrimiento, como el de descubrir la perla de gran valor, ha tenido un profundo efecto en mi vida personal. En palabras de Jesús: En palabras de Jesús, "Gratis lo recibisteis; dadlo gratis." (Mateo 10:8). He predicado este mensaje por 14 años desde este púlpito; ustedes me han apoyado y se han unido a mí en promoverlo, y la respuesta ha sido fenomenal. Se ha sanado una gran cantidad de gente herida en este ambiente de aceptación y bienvenida, gente que lo ha tenido todo, pero que ha abandonado la Iglesia, gente cuyas vidas todavía se están transformando bajo su poder. Tengo como prueba cajas llenas de cartas.

Como partiré de aquí dentro de una semanas, mis esperanzas y oraciones es que este ministerio, el ministerio de buscar y aceptar a los marginados, a las minorías y a los rechazados, continúe siendo el corazón del ministerio de la Catedral. Hace años alguien nos llamó "La Isla de los Juguetes Perdidos." Esto proviene del especial de televisión "Rodolfo, el Reno de la Nariz Roja." "La Isla de los Juguetes Perdidos" (The Island of Misfit Toys) era el lugar a donde eran enviados los muñecos y muñecas a los que les faltaba un ojo, a los camioncitos que les faltaba una llanta y a los ositos de peluche que les faltaba una oreja. En el cuento, aún los juguetes defectuosos o rotos eran parte de la Navidad. Creo que aún los divorciados, homosexuales, católicos separados de la fe, al igual que los llamados "rechazados" son amados por Dios y merecen un hogar en la Iglesia. Estoy orgulloso de haber sido parte de ese comité de bienvenida durante estos 14 años. No dejen de continuar enviando este mensaje, aún después de que me haya ido, porque como lo dijo una señora: "Nunca se sabe cuando estás llegando a alguien" que realmente necesita oirlo y sentirlo. ¡Esto cambia vidas de manera que la condena no lo hace!

ÚLTIMA HOMILÍA

"ADIÓS"

Décimo Domingo del Tiempo Ordinario

"Creí, por eso hablé"

2 Corintios 4:13

"Todo tiene su momento, y cada cosa su tiempo bajo el cielo: Su tiempo el nacer, y su tiempo el morir; su tiempo el llorar, y su tiempo el reír... su tiempo el callar, y su tiempo el hablar." (Eclesiástico 3:1-8). A esta cita familiar yo le añadiría "su tiempo para decir "hola," y su tiempo para decir "adiós." Este es el momento para decir "adiós."

Hoy marcamos el final de una aventura y el comienzo de otra. Ustedes continuarán su viaje espiritual bajo la dirección de un párroco nuevo maravilloso. Me voy de sabático, terminaré de escribir otro libro, enseñaré a predicar en Saint Meinrad y, en enero, seré un evangelista viajero y director de vocaciones. Todos estos finales y comienzos están llenos de miedo, inseguridad, duda y un poco de tristeza. Lo que sentimos no es único. "El salto a nuevos espacios nunca es hecho con comodidad." Necesitaremos fe, valor, paciencia y esperanza. Confiemos en que Dios, que nos llama para empezar nuevamente, proveerá lo que necesitemos para hacer esta transición.

En nuestra segunda lectura de hoy San Pablo acaba de terminar de revisar los pros y los contras de su ministerio para la congregación de los Corintios. A medida que avanzamos en la lectura, San Pablo anota que es su apasionada fe la que lo lleva a compartir las experiencias que ha tenido con los demás. Su predicación proviene de su profunda convicción. Se siente obligado a predicar. "Creí, por eso hablé."

A medida que reflexionaba en mi propio ministerio aquí en la Catedral, me encontré compartiendo algunos de los pensamientos de San Pablo sobre la predicación. De las reacciones generosas que he tenido de ustedes, deduzco que nos hemos entendido, porque lo que ha sido muy edificante para mí, predicar la Palabra, y a la vez, ha sido edificante para ustedes, escuchar la Palabra. Lo que más me ha gustado hacer es lo que ustedes han apreciado más. Trabajé mucho en mis predicaciones durante los años que estuve aquí, como lo han hecho varios párrocos asociados, incluyendo al Padre Linebach. Al igual que San Pablo, he aprendido algo importante sobre la predicación desde que he estado aquí: la predicación debe venir desde aquí (el corazón) no desde aquí (la cabeza). Se inspira mediante la oración, la introspección y el auto-examen. Por lo tanto, la buena predicación transforma no solamente al que la escucha, sino al que la predica.

Tengo frente a mi cinco de mis más preciadas posesiones. Si hubiera un incendio y tuviera la oportunidad de salvar algo, correría sin dudarlo entre las llamas para salvar estas cosas. Son, considerablemente, las cosas que tengo de mayor valor.

(1) La primera pila son mis viajes espirituales. Representan el trabajo que he hecho en mí durante los últimos 14 años. Desde el momento que llegué aquí mi fe fue desafiada. Muchas personas me dijeron que no debería albergar grandes esperanzas porque "no se puede hacer nada en la Catedral: sus días están contados." Recuerdo que decidí no aceptar este consejo, esa falta de fe. A pesar de los obstáculos, preferí creer a ciegas que de verdad sería possible hacer algo si solamente creyéramos. Entonces, me comprometí a mí mismo a obrar mediante la fe, en lugar de levantar las manos con desesperación, ¡sin importar qué tan funestos fueran las señales en 1983! Para mantener mi fe, llevé diarios espirituales en los cuales me convencí para creer, animándome a mí mismo en la fe. Al llevar estos diarios he aprendido una lección muy importante: cuando, día y noche, "se confía y se cree en Dios, y se atreve a soñar" ocurren milagros. Planeo usar esta técnica en mi nuevo puesto, otro que se puede llamar "situación desesperada:" la comúnmente llamada "escasez de sacerdotes." Recomiendo esta técnica a aquellos de ustedes que están pasando por su propia, y comúnmente llamada, "situación desesperada."

(2) Producto de esta lucha: creí en Dios, creí en mí mismo, creí en ustedes, y "hablé abiertamente." Esta segunda pila representa 14 años de "hablar abiertamente" sobre el amor incondicional de Dios hacia todos nosotros. Creo que todavía conservo el noventa y nueve por ciento de todas las homilías que he escrito durante mis años con ustedes. Como pueden ver, también he grabado muchas de ellas. Además de estas homilías, escribí un libro y grabé seis casetes sobre crecimiento espiritual. He predicado en 15 parroquias misioneras y he enviado por correo, a todo el país, cada semana, 70 copias impresas de mis homilías. Quiero que sepan aquellos de ustedes, que me enviaron consejos y regalos para este servicio, que puse sus regalos en una cuenta a la que llamé "un dote para la predicación" que ahora llega a $30.000. Úsenlo para invitar a la Catedral a los mejores predicadores que hayan.

(3) La tercera pila son las cartas que me han enviado, animándome y dándome sus reacciones. Nunca había estado en un sitio en el cual los católicos mostraran tan abiertamente su aprecio. Porque ustedes se tomaron el tiempo de expresarme sus agradecimientos y ofrecerme su apoyo, me motivé para hacer lo mejor que pude y poner mi mayor esfuerzo en ofrecerles alimento espiritual de calidad. Ustedes me empujaron a crecer; me dieron la fortaleza cuando pensé que no podía más y sentía que "estaba hasta el cuello" e hicieron que mi sacerdocio fuera alegre, algo que me ha traído profunda felicidad y algo que quiero recomendar a todos los seminaristas que pueda durante los años venideros. No hay manera de expresarles qué tan importante es que se hayan tomado el tiempo para animar a los sacerdotes en esta época. No hay manera de agradecerles lo suficiente por haber hecho esto conmigo. Me animaron, con "una medida buena, apretada, remecida, rebosante pondrán en el delantal de vuestros vestidos." (Lucas 6:38)

(4) Esta última carpeta es lo que yo llamo mi "archivo de humildad." Estoy muy consciente de mis fallas, pecados y defectos mientras estuve aquí. Estas son las cartas mediante las cuales algunas personas me expresaron su enojo, desilusión y frustración cuando perdí la paciencia, fui muy estricto con el

personal, no reparé en sus heridas o, simplemente, "metí la pata." Me recuerda una vieja tradición romana de triunfo. Cuando los generales conquistadores regresaban triunfadores y avanzaban por las calles, ante el aplauso del populacho, en sus carrozas con las cabezas coronadas se hacían dos cosas para prevenir que el triunfo se les fuera a la cabeza. La primera era que la gente no solamente los alentaban y les aplaudían, sino que también les gritaban "Mira hacia atrás y recuerda que morirás." La segunda era que justo al final de la procesión algunos soldados los insultaban para que no tuvieran demasiado orgullo. Y para todos aquellos que escribieron esas notas desagradables, también tengo que decirles "gracias." Ustedes también han jugado un papel muy importante. Si he herido a alguien, ¡por favor perdóneme!.

Y, entonces, es el momento de decir "adiós." Desde hace muchos meses me he estado haciendo esta pregunta: "¿Cómo decir 'adiós' a aquellos a quienes amas"? La respuesta que he encontrado es simplemente decir "gracias." Agradezco al Arzobispo por correr el riesgo de ofrecerme la parroquia de la Catedral y confiarme este púlpito cuando yo tenía sólo 37 años. Me ha dado todo su apoyo. Agradezco a los dedicados sacerdotes que han sido mis compañeros en este ministerio: Los Padres Vest, Griner, Badgett, Medley, Stolts y Linebach. Padre Martí, ¡póngase de pié! Gracias por todo lo que ha hecho por esta parroquia y por mí. Gracias también por aguantar el lado loco de mi personalidad. Gracias por quedarse. Se merece un aplauso.

Gracias a nuestros diáconos, especialmente Pat Wright, su esposa Sandy y familia. ¡Ustedes son puro oro! Gracias a los dedicados miembros del personal, que también han sido mis compañeros, tanto los que se han ido como los que todavía permanecen. La lista es demasiado larga, pero hay algunos miembros del personal que llevan mucho tiempo aquí que merecen ser nombrados: Julie Zoeller, David Lang, Pat Sexton, Larry Love, Elaine Winebrenner, Jerre Basset y Shirley Jones. Agradezco a los presidentes del Consejo Parroquial (Alice Hession, Ted McGill, Bob Tichey y Tim Bode) y a los numerosos miembros del consejo. Gracias a los cientos de voluntarios de la parroquia.

Un efusivo "gracias" para Christy Brown, quien hizo de nuestra Fundación de la Herencia un modelo nacional y nos dio esta bella iglesia. (A propósito, acaba de ganar el premio nacional de la prestigiosa AIA por liturgia y preservación). Gracias a la Junta de la Fundación de la Herencia de la Catedral, personal de la parroquia, miembros del comité y voluntarios de todas las religiones. Un agradecimiento especial para los directores ejecutivos Trish Pugh Jones y Susan Griffin.

Un beso grande para el pequeño grupo de "viejecitas," especialmente a las integrantes de la Cofradía Sodality, que fueron las primeras que me dieron la bienvenida, me mimaron maternalmente y me consintieron durante años.

Finalmente, agradezco al Padre Bill Fichteman que tuvo el coraje de hacerse cargo de esta formidable responsabilidad y llevarla a un nivel más alto. Recuerden que él está dejando a la gente que ama para venir aquí. ¡Denle la bienvenida, anímenlo, ayúdenlo y ámenlo, como lo hicieron conmigo!

Hoy, al final de la Misa, tengo un regalo de despedida para ustedes, (una cruz hecha del viejo piso de madera de la Catedral con una bendición grabada para el hogar) entonces quédense. Termimo aquí citando una de las tarjetas que recibí hace algunas semanas. Creo que es la que mejor expresa esta despedida. Tiene a Snoopy diciendo "Nunca estarás lejos" y al abrirla Snoopy tiene su pata sobre el corazón diciendo "Nunca estarás lejos, porque siempre estarás aquí." ¡Gracias desde lo más profundo de mi corazón! ¡Gracias! ¡Gracias! ¡Gracias!

CONCLUSIÓN

La gente no busca información sobre Dios. Ellos quieren experimentar a Dios. La información los aburre, no les interesa. La experiencia, especialmente la experiencia primordial que cualquier ser humano pueda tener, los deja sin aliento. Y esta es exactamente la que tenemos que ofrecer.

Misión a Oz[71]

El problema más apremiante que enfrenta el catolicismo hoy en día puede ser la calidad de su liderazgo sacerdotal frente al aparente deterioro de la devoción religiosa y la fe, cooperación comunitaria, generosidad y preocupación por los pobres.

Las religiones organizadas han perdido su poder para imponer reglas indisputables sobre el comportamiento de sus miembros. Ni los insultos ni las ofensas sobre cómo deben ser escuchados los líderes, ni las nuevas ediciones de los reglamentos arreglará esto. Estos ataques son simplemente contraproducentes, y la Iglesia ya está hasta el cuello de nuevos reglamentos.

En vez de sentirse culpable por la falta de habilidades de persuasión y de dinamismo en las estructuras pastorales de evangelización propias de la Iglesia, en un clima cultural de cambio, el clero persiste en su tendencia de culpar al laicado por su falta de fe y de cultura causada por su "secularismo" y "moral relativista."

En lugar de culpar a los demás, el mejor planteamiento podría ser que el clero empezara a apropiarse del hecho de que el problema real puede ser su propio estilo, errores e incapacidad de influir en los demás. En vez de buscar *externamente* una solución, quizás el clero debe empezar a buscarla *internamente*. Los directores espirituales designados necesitan comenzar a ser verdadedrs directores espirituales.

Debido a la naturaleza de su preparación para el ministerio, los sacerdotes tienden a definirse a sí mismos en relación con la institución, manteniéndola así predominante sus vidas. Vienen a dirigir con educación teológica, amplias relaciones con los obispos y sus compañeros sacerdotes, lealtades institucionales y con metas administrativas institucionales y personales en su mayor parte extrañas a la experiencia de aquellos a quienes sirven. Las agendas de los obispos, sacerdotes, seminaristas, y aun los diáconos permanentes y empleados de la iglesia, no siempre son las agendas del laicado.

La gente con quien sirven y a quien sirven tienen una agenda diferente. Están típicamente preocupados por los asuntos del diario vivir: nacimientos, muertes, enfermedades, disgustos y reconciliaciones, amor y desamor, hospitalidad y despedidas, sostenimiento de sí mismos y de sus familias. También están distraídos y consumidos por la cultura popular americana.[72]

Debido a esta desconexión, muchos de los laicos tienden a pensar que los sacerdotes son algo elitistas por causa de su entrenamiento, sutilmente distantes porque sus principales relaciones siempre están en otro lugar, y relativamente inescrutables o tediosos por causa de sus lealtades institucionales. Debido a que muchos sacerdotes están profundamente comprometidos con las instituciones o con sus propias metas tienden a descartar las aspiraciones y opiniones de los laicos. "El liderazgo efectivo y productivo surgirá al estar en constante contacto con el centro, la vida que es vivida por los fieles, con sus experiencias básicas compartidas y estilos de liderazgo."[73]

A pesar de estos choques de enfoque, los ordenados son enviados a llamar a la gente a una vida de conversión en Jesucristo, y a inspirar, liderar y caminar con ellos en sus esfuerzos de buscar los dones y demandas de su relación con Dios, mientras que los fieles están hambrientos de lo que los sacerdotes tienen que ofrecer y siguen a los sacerdotes para les muestren el camino con un significado más ámplio, una esperanza más brillante y una paz más profunda. Esta es la brecha que necesitan cerrar los directores espirituales efectivos, porque el Pueblo de Dios ya sabe que lo que Dios quiere es que seamos santos. (cf. Hebreos 10:10).

En un cierto sentido real, cualquier párroco que quiera ser un director espiritual efectivo necesita vencer los inconvenientes de su formación aislada. Necesita darse cuenta de una manera práctica que él ha sido llamado del laicado, para vivir dentro del laicado y servir las necesidades del laicado. Para ser un director espiritual efectivo, necesita pasar de su propia agenda con enfoque institucional a la agenda de la gente a quien él sirve, hasta "lo más profundo de las cosas," como las llamó Gerard Manley Hopkins.

"El sacerdote se sitúa no *sólo en la Iglesia*, sino también al *frente de la Iglesia.*"[74] "A quien se le dio mucho, se le reclamará mucho; y a quien se confió mucho, se le pedirá más." (Lucas 12:48) "El sacerdote debe tener *logos*, que le permitan sostener las razones de su camino por la vida; debe tener *ethos*, el carácter moral transparente para persuadir; finalmente, debe tener *pathos*, la habilidad de mover emocionalmente a la gente a partir de su propia experiencia.

Si un hombre no puede identificarse fácilmente con la mayoría de la gente, hombres y mujeres, ciertamente no tendrá éxito en el sacerdocio. Esto también se aplica si tiene problemas críticos de comunicación con los demás. Igualmente, la falta de una madurez saludable psicosexual que apoye el don del celibato presagia una vida futura infeliz. Si él no puede ver la autoridad como un discernimiento cooperativo, le espera una vida de enfrentamientos con sus superiores y con aquellos a quienes él sirve. Si su experiencia de fe defectuosa lo lleva hacia los extremos del secularismo o fundamentalismo, su liderazgo sacerdotal será gravemente defectivo."[75]

En una sociedad en la que ser un consumidor es principalmente una auto definición, el sacerdote debe saber cómo impulsar, ser innovativo, ser emprendedor, despertar la imaginación, vender, pasar de la visión a los detalles de la ejecución.[76]

"La vida del seminario disfraza la cantidad de iniciativa y energía necesarias para la resolución de conflictos... [y] la cantidad de esfuerzo espiritual y práctico necesario para sostener a las parroquias y ministerios... El reto que enfrentan los seminarios, por tanto, es introducir más realidad en estas instituciones... "[77]

❧

BIBLIOGRAFÍA

Abbott, Walter M., SJ, ed. The Documents of Vatican II. New York: Guild Press, 1966.

Aschenbrenner, George A. SJ. Quickening the Fire in Our Midst: The Challenge of Diocesan Priestly Spirituality. Chicago: Loyola, 2002.

St. Augustine, In Jo.ev. 5, 15: PL 35, 1422.

Bennis, Warren. Why Leaders Can't Lead. San Francisco: Jossey Bass, 1989.

Biber, Rev. Jay. "Preparing Seminarians for an Emerging Paradigm of Priestly Leadership." Seminary Journal (Spring 2003): 48.

Blackaby, Henry and Richard. Spiritual Leadership: Moving People on to God's Agenda. Nashville, TN: Broadman and Holman Publishers, 2001.

Bleichner, Howard P. SS. View from the Altar. New York: Crossroads Publishing, 2004.

St. Bonaventure. The Character of a Christian Leader (originally entitled The Six Wings of the Seraph). Translated by Philip O'Mara. Ann Arbor, MI: Servant Books, 1978.

Catechism of the Catholic Church. 2nd edition. Washington, DC: USCCB, 2000.

Christus Dominus. In The Documents of Vatican II, edited by Walter M. Abbott, SJ; translation editor: Msgr. Joseph Gallagher. New York: Guild Press, 1966.

Code of Canon Law. Washington DC: Canon Law Society of America, 1999.

Collins, Jim. Good to Great. New York NY: Harper Collins, 2001.

Congregation of the Clergy. Directory for the Life and Ministry of Priests.Vatican City: Libreria Editrice Vaticana, 1994.

The Priest and the Third Christian Millennium, Teacher of the Word, Minister of the Sacraments, and Leader of the Community. Washington, DC:USCCB, 1999.

Coulter, Reverend Gary. "The Presbyterium of the Diocese." Homiletics and Pastoral Review. San Francisco, CA: Ignatius Press, 1905.

Cozzens, Donald B. "The Spirituality of a Diocesan Priest." In Being a Priest Today, edited by Donald J. Goergen. Collegeville, MN: Liturgical Press, 1992.

Dei Verbum. In The Documents of Vatican II, edited by Walter M. Abbott, SJ; translation editor: Msgr. Joseph Gallagher. New York: Guild Press, 1966.

Dent, J. M. The Scottish Himalayan Expedition. London, 1951.

Fowler, James W. Stages of Faith: The Psychology of Human Development and the Quest for Meaning. San Francisco: Harper and Row, 1982.

Gaudium et Spes. In The Documents of Vatican II, edited by Walter M. Abbott, SJ; translation editor: Msgr. Joseph Gallagher. New York: Guild Press, 1966.

St. Gregory the Great. "Pastoral Care." In Ancient Christian Writers: The Works of the Fathers in Translation, No. 11, translated and annotated by Henry Davis, S.J. New York, NY: Newman Press, 1978.

St. Gregory of Nazianzus. Select Orations, Sermons, Letters; Dogmatic Treatises. In Nicene and Post-Nicene Fathers. Grand Rapids, MI: Eerdmans, 1955.

Heher, Rev. Michael. The Lost Art of Walking on Water: Re-imagining the Priesthood. Mahwah: NJ: Paulist Press, 2004.

St. Ignatius of Antioch. First Epistle to the Ephesians. In Kleist, James A., The Epistles of St. Clement of Rome and St. Ignatius of Antioch. Mahwah, NJ: Paulist Press, 1946.

Jackson, W. Carroll. God's Potters: Pastoral Leadership and the Shaping of Congregations. Grand Rapids, MI: Eerdmans, 2006.

John Paul II. Apostolic Exhortation "Pastores Dabo Vobis." Libreria Editrice Vaticana, 1992.

Jones, L. Gregory and Kevin R. Armstrong. Resurrecting Excellence: Shaping Faithful Christian Ministry. Grand Rapids, MI: Eerdmans, 2006.

Kasper, Walter Cardinal. Leadership in the Church: How Traditional Roles Can Serve the Christian Community Today. Translated by Brian McNeil. New York, NY: Crossroad Press, 2003.

Leavett, Rev. Robert SS. "The Formation of Priests for a New Century." Seminary Journal, no. 3 (2002).

Lumen Gentium. In The Documents of Vatican II, edited by Walter M. Abbott, J. Translation editor: Msgr. Joseph Gallagher. New York: Guild Press, 1966.

Moorman, William, OSST. Response to J. Edward Owens, OSST, "Inside/Outside the Camp: Places of Encounter." Human Development 27, no. 2 (2006): 36-67.

O'Donnell, Rev. Desmond, OMI. "The Anatomy of a Vocation." Seminary Journal, NCEA (2003): 75-79.

Papesh, Michael. Clerical Culture. Collegeville, MN: Liturgical Press, 2004.

Paul VI. Encyclical Letter "Ecclesiam Suam." Vatican City: Libreria Editrice Vaticana, 1964.

Peck, M. Scott, MD. The Different Drum: Community and Peacemaking. New York: Simon and Schuster, 1987.

Philibert, Paul J., OP. Stewards of God's Mysteries: Priestly Spirituality in a Changing Church. Collegeville MN: Liturgical Press, 2004.

Pontificale Romanum. De Ordinatione Episcopi, Presbyterorum et Deaconorum, Chapter II, nn 105, 130. Edition Typica Altera, 1890.

Presbyterorum Ordinis. In The Documents of Vatican II, edited by Walter M. Abbott, SJ. Translation editor: Msgr. Joseph Gallagher. New York: Guild Press, 1966.

The Record. Archdiocese of Louisville, June 16, 2006.

Rosetti, Stephen J. The Joy of Priesthood. Notre Dame: Ave Maria Press, 2005.

Sacrosanctum Concilium. In The Documents of Vatican II, edited by Walter M. Abbott, SJ; Translation editor: Msgr. Joseph Gallagher. New York: Guild Press, 1966.

Sanders, J. Oswald. Spiritual Leadership: Principles of Excellence for Every Believer. Chicago: Moody Press, 1967, 1980, 1994.

Schuth, OSF. Priestly Ministry in Multiple Parishes. Collegeville, MN: Liturgical Press, 2006.

Shaw, (George) Bernard. Man and Superman: Dedicatory Epistle to Arthur Bingham Walkley. New York: Brentano's, c1903.

Tabb, Mark. Mission to Oz. Chicago, IL: Moody Publishing, 2004.

Unitatis Redintegratio. In The Documents of Vatican II, edited by Walter M. Abbott, SJ; Translation editor: Msgr. Joseph Gallagher. New York: Guild Press, 1966.

United States Conference of Catholic Bishops. The Basic Plan for the Ongoing Formation of Priests. Washington, DC: USCCB.

Warren, Rick. The Purpose Driven Church. Grand Rapids, MI: Zondervan, 1995.

Waznak, Robert P. SS. "Homily." In The New Dictionary of Sacramental Worship, edited by Peter E. Fink SJ. Collegeville, MN: Liturgical Press, 1990.

Wills, Garry. Certain Trumpets: The Call of Leaders. New York NY: Simon & Schuster, 1994.

CITAS BIBLIOGRÁFICAS

1 Donald B. Cozzens, "The Spirituality of a Diocesan Priest," Being a Priest Today, Donald J. Goergen, ed. (Collegeville, MN: Liturgical Press, 1992), 51.

2 The Record, Archdiocese of Louisville, June 16, 2006.

3 St. Gregory the Great, "Pastoral Care," in Ancient Christian Writers: The Works of the Fathers in Translation, No. 11, trans. Henry Davis SJ (New York, NY: Newman Press, 1978), 21.

4 Rev. Desmond O'Donnell, OMI, "The Anatomy of a Vocation," Seminary Journal (Winter 2003), 75-79.

5 Warren Bennis, Why Leaders Can't Lead (San Francisco: Jossey Bass, 1989) 36, quoted in Henry & Richard Blackaby, Spiritual Leadership: Moving People on to God's Agenda (Nashville, TN: Broadman & Holman, 2001), n 2.

6 Moorman, William OSST, Response to J. Edward Owens OSST, "Inside/Outside the Camp: Places of Encounter," Human Development 27, no. 2 (2006), 36-67.

7 Gregory the Great, "Pastoral Care, "23-24.

8 Ibid. 27-28.

9 Ibid. 41, 54

10 St. Gregory of Nazianzus. "Orations," in Select Orations, Sermons, Letters; Dogmatic Treatises: Nicene and Post-Nicene Fathers. Grand Rapids, MI: Eerdmans, 1955), 39.

11 Howard P. Bleichner SS, View from the Altar (New York: Crossroad, 2004), 63.

12 Gregory the Great, "Pastoral Care," 45, 48.

13 In this chapter, I have relied on many of the good insights found in J. Oswald Sanders, Spiritual Leadership: Principles of xcellence for Every Believer, (Chicago: Moody, 1967,1980, 1994) and its spin-off: Henry and Richard Blackaby, Spiritual Leadership: Moving People on to God's Agenda, (Nashville, TN: Broadman and Holman Publishers, 2001).

14 St. Bonaventure, The Character of a Christian Leader, originally entitled The Six Wings of the Seraph, trans. Philip O'Mara (Ann Arbor, MI: Servant Books, 1978), 4-7.

15 Quoted in J. M. Dent, The Scottish Himalayan Expedition (London: 1951).

[16] (George) Bernard Shaw, Man and Superman: Dedicatory Epistle to Arthur Bingham Walkley (New York: Brentano's, c1903).

[17] Unitatis Redintegratio, Walter M. Abbott SJ, ed., The Documents of Vatican II. (New York: Guild Press, 1966).

[18] John Paul II, Apostolic Exhortation "Pastores Dabo Vobis" (Libreria Editrice Vaticana, 1992), no. 69.

[19] Presbyterorum Ordinis in Abbot, Documents of Vatican II, nos. 7-8.

[20] See Rev. Gary Coulter, "The Presbyterium of the Diocese," in Homiletics and Pastoral Review (San Francisco, CA: Ignatius Press, 1905).

[21] United States Conference of Catholic Bishops, The Basic Plan for the Ongoing Formation of Priests (Washington, DC: USCCB, 2001), 97.

[22] Pontificale Romanum, De Ordinatione Episcopi, Presbyter-orum et Deaconorum, chapter II, nn 105, 130 (edition typical altera, 1890) 54: 666-67; Presbyterorum Ordinis, no. 8.

[23] Congregation of the Clergy, Directory for the Life and Ministry of Priests (Vatican City, 1994), no. 27.

[24] Presbyterorum Ordinis in Abbot, Documents of Vatican II, no. 6.

[25] United States Conference of Catholic Bishops, Ongoing Formation of Priests, 93.

[26] John Paul II, Pastores Dabo Vobis, no. 16.

[27] United States Conference of Catholic Bishops, Ongoing Formation of Priests, 97-98.

[28] Saint Ignatius of Antioch, Ephesians 4:1.

[29] John Paul II, Pastores Dabo Vobis, 28.

[30] Ibid.

[31] Ibid.

[32] Ibid.

[33] Ibid.

[34] Lumen Gentium in Abbott, The Documents of Vatican II.

[35] Catechism of the Catholic Church, 2nd edition (Washington, DC: USCCB, 2000), no. 1534.

[36] Presbyterorum Ordinis in Abbott, The Documents of Vatican II, no. 9.

[37] Congregation for the Clergy, The Priest and the Third Christian Millennium, Teacher of the Word, Minister of the Sacraments, and Leader of the Community (Washington, DC: USCCB, 1999), 36.

[38] Paul VI, Encyclical Letter Ecclesiam Suam, 1964.

[39] Presbyterorum Ordinis in Abbott, The Documents of Vatican II, no. 4.

[40] St. Gregory the Great, Pastoral Care.

[41] Ibid.

[42] Presbyterorum Ordinis in Abbott, The Documents of Vatican II, no. 4

[43] Ibid.

[44] Dei Verbum in Abbott, The Documents of Vatican II, no. 21.

[45] Gaudium et Spes in Abbott, The Documents of Vatican II, no. 62.

[46] John Paul II, Pastores Dabo Vobis, no. 26.

[47] George Herbert. This section draws on the article "Homily," by Robert P. Waznak SS in The New Dictionary of Sacramental Worship. ed. Peter E. Fink SJ (Collegeville, MN: Liturgical Press, 1990), 552-558.

[48] Ibid.

[49] Sacrosanctum Concilium in Abbott, The Documents of Vatican II, no. 11.

[50] St. Augustine, In Jo.ev. 5, 15: PL 35,1422.

[51] Sacrosanctum Concilium in Abbott, The Documents of Vatican II, no. 11.

[52] Ibid.

[53] Ibid., no 14.

[54] Presbyterorum Ordinis in Abbott, The Documents of Vatican II, no. 5.

[55] John Paul II, Pastores Dabo Vobis, no. 17.

[56] Congregation for the Clergy, The Priest and the Third Millennium, 35-36.

[57] Ibid.

[58] Presbyterorum Ordinis in Abbott, The Documents of Vatican II, no. 9.

[59] Code of Canon Law (Washington DC: Canon Law Society of America, 1999), no. 545.

[60] Presbyterorum Ordinis in Abbott, The Documents of Vatican II, no. 8.

[61] John Paul II, Pastores Dabo Vobis.

[62] Presbyterorum Ordinis in Abbott, The Documents of Vatican II, no. 9.

[63] M. Scott . Peck, The Different Drum: Community and Peacemaking (New York: Simon and Schuster, 1987), 186-200.

[64] James W. Fowler, Stages of Faith: The Psychology of Human Development and the Quest for Meaning (San Francisco: Harper and Row, 1982).

[65] Bleichner, View from the Altar, 159.

[66] Christus Dominus in Abbott, The Documents of Vatican II, no. 31.

[67] United States Catholic Conference of Bishops, The Basic Plan for the Ongoing Formation of Priests (Washington, DC: USCCB, 2001), 72.

[68] Bleichner, View from the Altar, 58.

[69] Catechism, no. 1535.

[70] Alexander Pope.

[71] Mark Tabb, Mission to Oz (Chicago, IL: Moody, 2004).

[72] Michael Papesh, Clerical Culture (Collegeville, MN: Liturgical Press, 2004), 74-75.

[73] Rev. Jay Biber, "Preparing Seminarians for an Emerging Paradigm of Priestly Leadership," Seminary Journal (Spring 2003), 47.

[74] John Paul II, Pastores Dabo Vobis, no. 16.

[75] O'Donnell, "The Anatomy of a Vocation," 75-79.

[76] Biber, "Preparing Seminarians," 48.

[77] Robert Leavett, SS, "The Formation of Priests for a New Century," Seminary Journal (Fall 2002), 15.

www.ingramcontent.com/pod-product-compliance
Lightning Source LLC
Chambersburg PA
CBHW052010090426
42741CB00008B/1638